Hanspeter Wolfsberger

Neue Brösel

Neue Brösel

aufgesammelt von

Hanspeter Wolfsberger

BRUNNEN VERLAG GIESSEN/BASEL
VLM VERLAG DER LIEBENZELLER MISSION

FSC
Mix
Produktgruppe aus vorbildlich bewirtschafteten Wäldern und anderen kontrollierten Herkünften

Zert.-Nr. SGS-COC-1940
www.fsc.org

Besuchen Sie uns im Internet:
www.brunnen-verlag.de
www.vlm-liebenzell.de

2. Auflage 2007

Lektorat: Petra Hahn-Lütjen und Waltraud Hoppenworth
Umschlagmotiv: photocase.de
Umschlaggestaltung: Ralf Simon
Fotos: Hanspeter Wolfsberger
Satz: DTP Brunnen
Herstellung: GGP Media GmbH, Pößneck
ISBN 978-3-921113-91-2 (VLM)
ISBN 978-3-7655-1940-6 (Brunnen)

Inhalt

Allerlei

Kirchengeschichten

Vorwort

Dieses Büchlein ist wirklich nichts Besonderes. Es enthält – wie schon im ersten Band – Momentaufnahmen, Eindrücke, kleine Geschichten – etwas, das zu mir gehört, zu meiner Art von Leben und Glauben und zu den Menschen bei mir. Wieder ist es eine Mischung aus allem Möglichen. Auch ein paar Zitate sind dabei, die mir helfen, meine eigene Lebensgeschichte zu deuten. Die Reihenfolge folgt nicht immer einer inneren Logik. Muss auch nicht sein. Brösel auf dem Teller liegen auch kreuz und quer. Wann immer Sie welche aufpicken, wünsche ich Ihnen „Guten Appetit".

Betberg, im Frühjahr 2006

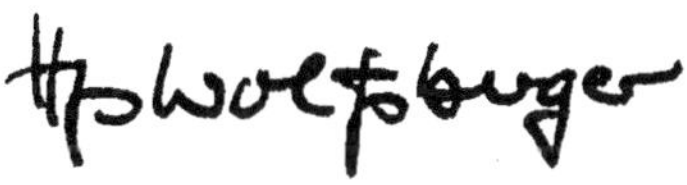

Erfahrungen

Da kommt es her

Ich habe von Kindheit an Übergewicht. Mal mehr, mal weniger. Jetzt endlich bin ich auf die Anfänge gestoßen. Als ich etwa neun Jahre alt, wollte ich mit meinem Freundle mal rauchen. Mit Schlingpflanzen hatten wir es schon probiert, aber das war nix. Eines Tages geriet ich an 40 Pfennig. Das gab vier „Rössle-Stumpen", also Zigarren. Mit polterndem Herzen und erdschlechtem Gewissen habe ich sie gekauft. Dann lagen wir zwei versteckt in einer Rebfurche und haben die Stumpen geraucht. Jeder zwei.

Mangels Knete musste ich mich aber anschließend aus dem Raucherdasein wieder verabschieden. Entziehen, sagt man da. Und viele Raucher wissen: Nach einer Entziehung nimmt man zu. Seither habe ich Übergewicht.

Lebertran

Als Bub lernte ich Lebertran kennen. Kanisterweise. Richtigen, echten, ekligen. Er stand vor dem Fenster, abgepackt in Flaschen, eingepackt in eine schwarze Wollsocke, denn echter Lebertran liebt es dunkel. Ich weiß warum. Solch ein Lebertran schmeckt furchtbar. Ich nahm den jeweiligen Kampf gegen das Erbrechen eigentlich nur deshalb auf, weil meine

Mutter mit groben Versprechungen agierte. Hauptversprechen: „Wenn du Lebertran nimmst, wirst du stark wie ein Munie." „Munie" ist alemannisch und bedeutet „Ochs". Und das war schon was für einen 6-Jährigen!

Munie-Kraft hätte ich vor allem deshalb brauchen können, weil neben uns ein Nachbarbub wohnte, vier Jahre älter und einen Kopf größer als ich. Körperlich also eine andere Liga. Das war schon hart, aber es kam noch schlimmer: Er war auch katholisch. Nicht dass ich Bub gewusst hätte, was das eigentlich ist, katholisch, aber es musste etwas Schlechtes sein. Beweis dafür: Jene üblen Samstagsgespräche. Immer samstags, wenn ich zu Hause den großen Hof kehren musste, da kam der Kollege aus der Nachbarschaft von der so genannten Vorabend-Beichte, wie er mich belehrte. Er lehnte am Hoftor, schaute mir beim Kehren zu und verhöhnte meine Ohnmacht, als Nicht-Katholik meine Sünden loszuwerden. Ich hatte auch von „Sünde" nur undeutliche Vorstellungen, ahnte aber auch hier, dass es etwas Schlechtes sein musste. Vor allem aber spürte ich eine schlimme Ungerechtigkeit: Er wird Sünde los und ich nicht.

Eines Samstags habe ich ihn dann vor dem Hoftor verdroschen. Der 6-Jährige den 10-Jährigen. Und wie. Damit war zwar die Sache mit der Sünde nicht geregelt, aber die Kraft von Lebertran war eindeutig bewiesen.

Meine erste Liebe

Mit sechs Jahren war ich zum ersten Mal verliebt. Ein bisschen früh, das ist wahr. Mein Herzensschwarm hieß Brigitte, war in der achten Klasse und ungefähr doppelt so hoch wie ich.

Aus diesem Problem entstand die Frage: Ob Brigitte mich überhaupt wahrnimmt?

Eines Tages sah ich die Chance zur Verdeutlichung meiner ernsten Absichten: Ich kam gerade aus der Schule – 1. Klasse, die Schiefertafel im Ranzen – und auf dem Heimweg ging Brigitte neben mir. Wie konnte ich ihr zeigen, was für ein Kerl ich war? Frauen suchen doch mutige und starke Typen. Da sah ich meine Chance. Direkt vor mir: Ein anderer Achtklässler, mindestens zwei Köpfe größer als ich. Er trug langes Haar, damals noch ein Zeichen von Verwahrlosung.

Den griff ich an. Von hinten. Ohne Vorwarnung. Ich packte ihn an seinen Haaren und zog ihn zu Boden. Nun lag er zu Brigittes Füßen: Eine zappelnde Demonstration meiner Liebe und meines Muts.

„Was sie jetzt wohl sagt?"

Ich erfuhr es nicht. Denn der Achtklässler stand wieder auf und verdrosch mich nach Kräften. – Und Brigitte?

Sie ließ mich da liegen und ging weiter. Da starb meine Liebe, und ich blieb jahrelang solo.

Stimmwechsel

In Salt (Südtirol) war Jugendfreizeit. Heißer Sommer, tolle Landschaft, prächtige junge Leute, es war alles gut. Nur eines war schlecht: Die Schlafzimmer lagen genau über dem Hühnerhof. Und diesem stand ein fetter Gockel vor. Der schrie jeden Morgen bei Tagesanbruch. Nein, vor Tagesanbruch. Eigentlich vor, während und nach Tagesanbruch.

Einem Teilnehmer brannte am dritten Tag die Sicherung durch: Er nahm sein Kopfkissen und warf damit nach dem

Hahn. Der war irritiert und schwieg. Am nächsten Morgen schrie er wieder. Und wieder flog ein Kopfkissen. Da dieses den Hahn verfehlte, schwieg er auch nicht. Und wieder kam ein Kissen. Mittlerweile waren viele Jugendliche wach. Und warfen alle nach dem Hahn. Der Hühnerhof war übersät mit weißen Kopfkissen. Und was soll ich sagen: Der Hahn war still. Dafür schrie kurze Zeit später die Gastwirtin. Das war noch schlimmer als der Hahn. Aber nun hatten wir keine Kissen mehr.

Eine andere Welt

Manchmal vergessen wir Christen, was es bedeutet, wenn jemand von „draußen" zu uns kommt. Ich erinnere mich, wie es bei mir war.

Mit etwa 17 Jahren gründete ich mit Freunden eine Band. Damals gab es The Beatles, The Rolling Stones und uns. Man munkelte, dass wir die Besten waren. Wir hießen „The the", weil uns nach wochenlangem Grübeln außer dem Artikel „The" einfach kein zweites englisches Wort einfiel. „The the" hatte eine schlichte Ausrüstung: eine alte Wandergitarre, eine sehr alte Laute, den jeweils neu herausgeschraubten Tonabnehmer von Omas Radio, ein geliehenes Schlagzeug und unsere Stimmen. Das heißt: Zwei von uns Fünfen hatten Singverbot, weil sie den Ton nicht halten konnten. Noten lesen konnten wir alle nicht. Dafür traten wir frühzeitig ins Gespräch ein mit mehreren Gasthäusern, in welchen wir Konzerte machen wollten. Und da wir ungeniert von diesen kommenden Events plauderten, stieg eine beträchtliche Erwartung um uns her. Tatsächlich übten wir aber in all den

Monaten nur an einem einzigen Lied: „House of the rising sun." Wir konnten einfach kein anderes. Die Verfeinerung dieses einen Songs brauchte lange Wochen und ziemlich viel Bier. Tonbandaufnahmen jener Zeit hatten noch Jahre später ausgesprochen therapeutischen Wert ... Lachen ist derart gesund, das ist bewiesen. Wir waren damals nie krank.

Was ich aber sagen will: Kann jemand ermessen, wie das in jener Zeit auf mich wirkte, als ich zum ersten Mal in einer christlichen Gruppe war und sang: „Welch ein Freund ist unser Jesus"? (aus „Jesu Name 1"). Das war sprachlich, inhaltlich und musikalisch wie Kisuaheli.

Das will ich bedenken, wann immer ich das Zögern von Zeitgenossen spüre, meine Gottesdienste zu besuchen. Es ist vieles so fremd für sie. Fremd wie Kisuaheli.

Bundeswehr

Weil man bei der Bundeswehr mit meiner sanften, friedfertigen Art nicht so recht umzugehen wusste, versuchte man bei mir neue Begabungen zu entdecken. Als Abiturient war ich technischer Offiziersanwärter und wurde vorgesehen, ein Praktikum bei der Firma Siemens zu absolvieren. Das hieß, zunächst acht Wochen am Schraubstock feilen lernen, wunderschöne grobe Eisenstücke zu Zettelkästen und Würfeln deformieren und bei erkennbarer Minimalbegabung in der Gießerei weiter arbeiten. Damals habe ich kennen gelernt, wie man Menschen auch einteilen kann: z. B. mit dem „Haarlineal", je nachdem, ob einer gut gefeilt hat oder nicht.

Ich war in jenen Wochen viel auf dem Klo und weiß heute noch, welche Bücher ich dort gelesen habe. Und dennoch:

Trotz aller Fehlleistungen, die ich produzierte, hat das Verteidigungsministerium nie aufgehört, mich für einen „Technischen“ zu halten. In der Gießerei der Firma Siemens habe ich als einziger Soldat Deutschlands Mini-Bären von „Bärenmarke“ aus Gusseisen produziert. Wehrtechnisch meines Wissens ohne Belang. Später habe ich jeden Tag 150 Soldaten einer Panzer-Instandsetzungskompanie durch die Kaserne geführt, nur um dann völlig ohne „Peilung“ bis zum Feierabend in den Maschinenhallen zu stehen.

Schließlich kam die Krönung: Ich wurde zusammen mit einem anderen Offiziersanwärter, ebenfalls ein blindes Huhn, zu einer hoch verantwortlichen Sonderaufgabe abkommandiert: Wir beide sollten zur „Kompanie-Verschönerung“ beitragen, das heißt, das Wohngebäude für 150 Soldaten in der Kaserne attraktiver machen.

In mehrwöchiger Arbeit haben wir daraufhin zwei leere Fässer aus dem Kompaniekeller angestrichen, schwarz-weiß und quergestreift, und diese anschließend in minutiöser Handarbeit mit edelstem und vor allem weit entfernt liegendem Waldboden gefüllt.

Als wir damit endlich fertig waren, positionierten wir die nun geranienbesetzten Schwarzweißfässer vor dem Haupteingang der Kompanie – ungefragt und gut gelaunt. Es gab keinen vergleichbaren Kompanieeingang in Deutschland.

Aber irgendetwas fehlte noch, und außerdem hatten wir noch weiße Farbe übrig. Da kam uns *die* Idee: Von den Fässern ausgehend zogen wir zwei lange gerade Striche in den Hof hinaus, dorthin, wo jeden Morgen das offizielle Antreten war. Jeder, der es kennt, weiß: Antreten passiert mit Ausrichtung der Stiefelspitzen am Nebenmann an einer möglichst geraden imaginären Linie. In der Regel werden Schlangengurken-Linien draus. Aber seit jenem Tag nicht mehr –

wenigstens nicht bei einer bestimmten Instandsetzungskompanie in Stetten a. k. M. Dort ging das Ausrichten seit diesem Tag ratzfatz: Fußspitzen an die weiße Linie, Augen rechts auf die quergestreiften Geranienfässer – fertig ist der Lack!

Wir beide standen hinter den Fässern und sorgten durch einladende Bewegungen dafür, dass die Kameraden nicht nur ausgerichtet, sondern auch lustig blieben ...

Dummerweise führte das eines Tages wieder dazu, dass die Bundeswehr nicht mehr genau wusste, was sie mit uns anfangen sollte. Das war schade. Aber unser Verdienst blieb: Als ich nach Jahren bei einem „Tag der Offenen Tür“ wieder in jener Kaserne zu Besuch war, entdeckte ich vor sämtlichen Kompanien lange, weiße Linien ...

Voll

Leistungsanreiz bei der Bundeswehr war nicht unbedingt: Wer ist der beste Soldat?, sondern: Wer ist die größte Rauschkugel? Ich bin vor vielem bewahrt geblieben, aber einmal war ich doch dabei:

In Neuburg a. D. war ich zum Lehrgang für Offiziersanwärter. In der Stube verband uns eine prächtige Kameradschaft. Der vorgesetzte Gruppenleiter, ein Feldwebel, dagegen war – schwer zu ertragen. In willkürlicher Weise plagte und mobbte er uns. Um uns die „Berechtigung“ seiner Maßnahmen zu beweisen, löste er z. B. mit dem Taschenmesser die Stopfen am Bettgestell und fand dort: „Dreck! Und bei solch einer verdreckten Bude wollen Sie heimfahren?“

Der Kompaniechef, ein Oberleutnant, war ein feiner Kerl

und einmal brachte mein Freund Reiner für ihn von zu Hause eine Flasche Schnaps mit. Einfach so, als Dank.

Doch dann kam dies: Es war Sonntagabend. Seit 20 Uhr hatten wir wieder in der Kaserne zu sein. Um 21 Uhr plötzlich: „Alarm!“ Und dann setzte unser Feldwebel binnen einer halben Stunde eine Nachtübung an: Eilmarsch in die bayerische Pampa. Als ob man so Krieg übt! Als ob die Russen (das war damals der mögliche Feind) je am Sonntagabend um 21 Uhr angreifen würden! Da sind die doch auch müde!

Wir aber marschierten bis vier Uhr morgens durch die bayerische Dunkelheit. In die Kaserne zurückgekehrt, hatten wir einen riesigen Durst. Aber es gab nichts zu trinken außer dem chlorreichen Duschwasser. Dafür hatten wir einen Mordsfrust im Bauch. „Dieser Feldwebel!“ Reiner hielt mir einen Zahnbecher des Getränks hin: „Ex!“

Es war der Schnaps für den Oberleutnant. Den Rest der Nacht werde ich nie vergessen. In einer plötzlich anschwellenden trunkenen Unternehmungsfreude beschlossen wir, die Kompanie gegen die erst später von der Russenjagd eintrudelnden Kameraden zu verteidigen. Dazu versammelten wir sämtliche Feuerlöscher-Hochdruckwasserspritzen des Hauses am Treppenabsatz des ersten Geschosses und setzten diese anschließend punktgenau ein.

Es kam zu Staus im Treppenhaus, zu überstürzten Turbulenzen zwischen Erdgeschoss und erstem Stock, es ging zu wie an den Niagara-Wasserfällen ... und erst als der letzte Wassertropfen verschossen war, traten wir den Rückzug an und retteten uns in die leeren Schränke der Feuerlöscher. Ein gutes Versteck – eigentlich ...

Allerdings hätte man uns dort leicht finden können, denn es lachte dort dermaßen laut heraus ...

Beim Antreten dann um sechs Uhr fiel ich kopfüber in meinen Spind, wurde anschließend von den Kameraden auf der Ladefläche eines LKW abgelegt und schlief dort den Schnapsrausch aus. Es war der erste und der letzte meines Lebens.

Geld gespart

Millionäre werden oft gefragt, wie es denn bei ihnen einst begonnen habe mit dem Reichtum. Manche erzählen dann ihren Aufstieg vom Tellerwäscher usw. Bei mir war das so:

Ich habe viel Geld gespart – durchs Skifahren. Ich bin nämlich mein Leben lang so gut wie *nicht* Ski gefahren. Wieso nicht?

Als junger Student drückte man mir ein paar geliehene Skier in die eine Hand und eine Liftkarte für einen Rentnerhang auf der Schwäbischen Alb in die andere Hand. Mit großer Mühe schleppte mich der Lift den Hang hinauf. Schon da hatte ich eigentlich genug: Eine fremde Liftbeifahrerin ging unterwegs verloren – ich habe sie aus der Spur gedrängt und ihr den Bügel unterm Hintern weggezogen. ... Dann begann das Ski-Training. Ich hatte keine Ahnung von der Eigenwilligkeit einer Skiausrüstung, keinen Dunst von „wie fährt man eine Kurve?" oder gar „wie hält man an?" Hilflos fiel ich Stück um Stück den Hang hinunter. Unten trug ich die Skier zum Lift und versuchte, einen möglichst cleveren Eindruck zu machen. Das endete aber schon wieder beim Bügel-unter-den-Hintern-klemmen. Da war überhaupt keine Besinnlichkeit im Spiel. Das ging nur ratzfatz ... und gleich zuende: Bügel weg, ich lag am Start, ein fremder Mensch sagte etwas von „Lassen, wenn man's nicht kann".

Aber da packte mich doch der Ehrgeiz. Ich beschloss, diesen Skifahrtag nicht eher zu beenden, bis ich wenigstens eine Kurve fahren konnte: eine komplette, freiwillige Rechtskurve, abgeschlossen mit einem selbstbestimmten Halt.

Das übte ich den Rest des Tages: Oben am Hang die Richtung einstellen, dann den Hang abarbeiten in Form einer Rechtskurve. Es wurde immer perfekter. Am Abend war ich so weit, da sollte das Gesellenstück folgen: Rechtskurve über den gesamten Skihang und auf der anderen Seite wieder ein Stück bergauf, zum Halt ohne Sturz. Ich fuhr mit dem letzten Lift hinauf. Es war niemand mehr da, außer dem Hang und mir. Start. Schon etwa 100 Meter war ich gefahren, hatte die Ideallinie gefunden, da registrierte ich aus dem Augenwinkel eine Bewegung: Da war noch ein Skifahrer unterwegs!

Und während ich den Hang hinunter „schoss“, hatte ich den starken Eindruck: Dieser andere Skifahrer, der fährt auch so wie ich. Nur hatte der gerade die Linkskurve geübt. Der Rest ist schnell erzählt: Wir waren zunächst weit voneinander entfernt. Aber das änderte sich von Minute zu Minute. In der ganzen Zeit versuchten wir die eigene Fahrt so zu kontrollieren, dass wir irgendwann cool aneinander vorbeifahren könnten, lässig grüßend. Aber der Gruß fiel sehr persönlich aus. Statt „Hi“ riefen beide „Achtung“, dann fuhren wir voll ineinander hinein, und überschlugen uns talwärts. Danach hatte ich nur noch selten Skier angeschnallt. Und dadurch habe ich ... viel Geld gespart.

Noch mehr Geld gespart

Wir waren wieder einmal auf eine neue Pfarrstelle gezogen. Nach den ersten Wochen erklärte mir mein Spiegel: Du musst zum Friseur. Ich fuhr in den Nachbarort, setzte mich in einen entsprechenden Salon und wartete. Nach ein paar Minuten war ich immer noch nicht angesprochen und betrachtete über den Zeitungsrand das Etablissement genauer. Ein riesiger Qualm im Raum, seltsame Gestalten, es wurden auch alkoholische Getränke ausgeschenkt: Eine für mich neue Art von Friseur-Einrichtung? Die Friseusen waren luftig bekleidet, obwohl draußen November war. Und dann wurde ich gefragt, ob ich die Massage zuerst haben wollte ... Ich wollte nicht und verließ die Einrichtung, leicht verwirrt. Hatte ich da etwas verpasst? Hatte sich da eine Berufsrichtung geändert und ich habe es nicht bemerkt?

Ein paar hundert Meter weiter entdeckte ich ein Schaufenster: große Frisuren auf großen Plakaten, ein üppiges Perückenangebot. Ich betrat das Geschäft und setzte mich mangels anderer Kundschaft gleich vor den Spiegel. Lange kam niemand, dann die Besitzerin, und diese sagte mir, hier sei ein reines Damen-Friseur-Geschäft. Damit war die Sitzung auch hier beendet und ich wieder im Auto.

Meine Güte, ich brauchte nur jemanden, der mir die Haare schnitt! Sonst nix. Keine Massagen, keinen Wodka, keine Dauerwellen ...

Noch ein Friseurgeschäft. Ich trat ein. Eine der Haarschneide-Damen wies mir mit ausgestreckter Schere den freien Platz vor dem Spiegel. Links von mir arbeitete und schwätzte es an fremden Leuten – endlich ein ganz normales Friseurgeschäft!

Ich setzte mich auf den Friseurstuhl und lehnte mich zurück ... und schon ging die Post ab. Und zwar nach unten. Bei der ersten Berührung mit der Rückenlehne brach diese ab; sie fiel herunter und ich gleich mit. Der Waschtisch war letzter Haltepunkt für die Beine. Ein kläglicher Anblick! Wer je dasselbe erlebt hat, kann mitfühlen. So hing ich da. Ein paar Kundinnen hatten erschreckt aufgeschrieen – Lebenszeichen, die mir gut taten. Mühsam zog ich mich wieder hinauf. Und es fiel mir etwas auf: Keine einzige der Bedienungen kam, um mir zu helfen. Im Gegenteil: Sie beugten ihren Kopf tief über ihre Kundinnen und bekämpften ein ständiges Prusten und Kichern. Was war das denn?!

Schließlich kam eine von ihnen herüber und fragte mit gespielter Anteilnahme, ob ich okay sei. „Ja, ja“, sagte ich, „es tut mir nur Leid wegen dem Sitz. Habe ich den jetzt kaputt gemacht?“

„Nein, nein“, sagte sie, „diese Rückenlehne bricht jedes Mal ab.“ – Da verließ ich den Stuhl samt Laden und zog heimwärts. Und danach ging ich für viele Jahre zu keinem Friseur mehr. Das Haareschneiden für die ganze Familie hat seitdem meine Frau übernommen – und dadurch haben wir erneut viel Geld gespart.

Der Wüstenfuchs

Bei einer Freizeit in den Bergen gab es eine interessante Arbeitsaufgabe für die Teilnehmer. Aufgeteilt in kleine Gruppen erhielten sie kleine Portionen an Wurst, Käse, Zwiebeln, Gemüse usw. Aufgabe: Sie sollten daraus ein auch für das Auge schönes Abendessen machen. Die Akteure leisteten Großartiges. Als das Abendessen auf dem Tisch stand, gingen einem die Augen über. Doch kurz vor dem Tischgebet klopfte es an die Tür. Ein Ehepaar kam herein, ging auch nicht mehr raus und nahm schließlich die Einladung an, sich zu Tisch zu setzen. Und dann schlugen die beiden zu! Besonders er! Die Wurstsalat-Platten sahen nach wenigen Minuten aus, als wäre eine ägyptische Heuschreckenplage darüber gegangen. Den beiden Gästen ging's gut dabei. Sie beschlossen noch länger da zu bleiben. Also wurden sie auch Teilnehmer an einem Spielabend. Und da schlug die Stunde der Rache. Verschiedene Teilnehmer sollten pantomimisch ein Tier darstellen, und die Übrigen sollten raten: Hase, Huhn, Regenwurm? usw. Der männliche Gast erhielt den Auftrag, einen „Wüstenfuchs" zu spielen. Aber alle anderen hatten sich verständigt: „Wir raten alles, nur nicht ‚Wüstenfuchs'." Die folgende Szene dauerte sehr lange. Der Wurstsalat-Fresser musste alles abarbeiten ...

Diplomatisch bauchgelandet

Zum Weihnachtskonzert in der Kirche war eine mir unbekannte Sängerin gekommen. Sie sang. Aber das hätte sie nicht tun sollen. Denn sie konnte nicht singen. Ihr Künstlername war Frau Bleulich. Es war grausam. Ich verkroch mich vor Gram hinter den Weihnachtsbaum. Unser Vikar besorgte die Schluss- und Dankesrede: „Wir bedanken uns auch herzlich bei der Sängerin dieses Abends, Frau Greulich ..." Da beschloss ich, für immer hinter dem Weihnachtsbaum zu bleiben.

Das Arroganzkästchen

In den Weihnachtsferien gab es einen gemütlichen Nachmittag aller Mitarbeiter der Kirchengemeinde. Interaktive Elemente waren vorgesehen – Spiele, bei denen man spontan mitmachen durfte. Ein Spiel war eine szenische Darstellung. Fünf Teilnehmer bekamen einen Text in die Hand, mussten ihn vorlesen und gleichzeitig darstellen. Zu solch einem Vorhaben nimmt man gerne ältere Schauspieler. Zum Zuge kamen ein Techniker, ein Zimmermann, ein Drogist und etliche andere. Absoluter Star dieses Spiels wurde der Drogist. Er hatte so etwas noch nie gemacht. Er sollte etwa sechs Abschnitte lesen, in denen es meistens um ein gewisses Angora-Kätzchen ging. Als er zum ersten Mal dran kam, war er schon derart aufgeregt, dass er statt Angora-Kätzchen „Arroganzkätzchen" las. Das Publikum war begeistert, und das stimulierte ihn. Aus dem Kätzchen wurde noch ein „Kästchen", und ohne den Fehler selbst zu bemerken, behielt er das Wort auch im Folgenden bei. Den Inhalt verstümmelnd, das Spiel damit verhunzend, aber das Publikum unglaublich erfreuend las er Mal um Mal: „Arroganzkastchen … Arroganzkästchen …"

Verkaufsgespräch

Als Vikar hatte ich das Vorrecht, zusammen mit Jugendlichen unserer Gemeinde einen neuen Raum im neuen Gemeindehaus einrichten zu dürfen. Es gab ein überschaubares Budget, und so zogen wir mit etwa 20 Leuten los ins „Möbelland". Ein riesiger Schuppen. Und nach ein paar Minuten entstand eine riesige Idee: Hier spielen wir Verstecken. Eine eichene Wohnzimmergarnitur war das vereinbarte „Horre“, der Freiplatz.

Dann ging die Gruppe betont unauffällig auseinander, während der ausgeloste Sucher in ein Aquarium hinein leise zählte: „1, 2, 3 …“. Bis 20.

Er zählte zu schnell. Ich sah ihn kommen, noch bevor ich ein gutes Versteck hatte. In höchster Not betrat ich einen Schlafzimmerschrank und hielt von innen die Tür zu. Dunkelheit schützte mich. Aber bald hatte ich auch keine Ahnung mehr, wie der Stand des Spieles war. Konnte ich gefahrlos raus treten? Ich hörte Stimmen vor meiner Schranktür. Der Sucher? Gleich wird er mich haben. Stattdessen vernehme ich nach und nach solche Wörter wie „Eiche“ und „Buche furniert“, höre Zahlen und Maßangaben … und aufs Klo musste ich auch. Da hielt doch ein Angestellter ein Verkaufsgespräch direkt vor „meiner“ Schranktür! „Was soll ich tun? Werde ich schuldig, wenn der Käufer beim Türöffnen zu Tode erschrickt? Oder wird der Schrank brutto verkauft, und ich gerate in Sklaverei? Oder öffne ich einfach die Tür und trete ins Freie …?“

Und so machte ich es auch. Mit einem freundlichen „Hallo“ und der Haltung, als sei dies das Normalste von der Welt, trat ich heraus. Der Verkäufer stürzte in Richtung offener Schranktür, um nach weiteren Insassen zu sehen, und ich beschleunigte meine Schritte zum Sprint, überall meine Jugendlichen zur Flucht antreibend.

Keiner wusste warum, aber alle begriffen die hohe Dringlichkeit, und so bretterten 20 junge Leute ohne Kauf und Rolltreppen überhechtend aus dem Möbelland …

Autofahrer-Songs

Bei langen Autofahrten kann man sich folgendermaßen die Zeit vertreiben:

Bei Tempo 100 kann man aus dem Evangelischen Gesangbuch Lied 311 („Mach dich auf die lange Reise“) singen.

Ab Tempo 150 passt ganz gut die Strophe 275,5 („Herr nimm mein wahr in dieser G'fahr“)

Bei Tempo 180 empfiehlt sich dann Lied 326 („Ich bin ein Gast auf Erden“).

Ab Tempo 220 könnte man noch Lied 312 pfeifen („O Welt, ich muss dich lassen“).

Lebensregeln

Lebensregeln von Matthias Claudius

Halte dich zu gut, Böses zu tun. Hänge dein Herz an kein vergänglich Ding. Die Wahrheit richtet sich nicht nach uns, lieber Sohn, sondern wir müssen uns nach ihr richten. Was du sehen kannst, das siehe, und brauche deine Augen, und über das Unsichtbare und Ewige halte dich an Gottes Wort.

Nimm es dir vor, Sohn, nicht wider seine Stimme zu tun; und was du sinnest und vorhast, schlage zuvor an deine Stirne und frage Gott um Rat. Lerne gern von andern, und wo von Weisheit, Menschenglück, Licht, Freiheit, Tugend etc. geredet wird, da höre fleißig zu.

Doch traue nicht flugs und allen, denn die Wolken haben nicht alle Wasser, und es gibt mancherlei Weise. Manche meinen, dass sie die Sache hätten, wenn sie davon reden. Das ist es aber nicht. Worte sind nur Worte, und wo sie so gar leicht und behände dahin fahren, da sei auf deiner Hut, denn die Pferde, die den Wagen mit Gütern hinter sich haben, gehen langsameren Schrittes.

Erwarte nichts vom Treiben und den Treibern. Wenn dich jemand will Weisheit lehren, da siehe in sein Angesicht. Dünket er sich noch, und sei er noch so gelehrt und noch so berühmt, lass ihn hinter dir. Denke oft an heilige Dinge, und sei gewiss, dass es nicht ohne Vorteil für dich abgehe und der Sauerteig den ganzen Teig durchsäuere. Verachte keine anderen Meinungen und Gesinnungen. Du weißt nicht, was unter unansehnlichen Bildern verborgen sein könne. Es ist leicht zu verachten, Sohn; aber verstehen ist viel besser.

Lehre nicht andre, bis du selbst gelehrt bist. Tue das Gute vor dich hin, und bekümmre dich nicht, was daraus werden wird. Wolle nur einerlei, und das wolle von Herzen. Sorge für deinen Leib, doch nicht so, als wenn er deine Seele wäre.

Matthias Claudius

Wie gelingt das Leben?

Ich habe immer wieder ältere Menschen gefragt: „Herr M., Sie haben zwei Kriege erlebt und schauen auf bewegte Jahre zurück. Darf ich Sie fragen: Wie gelingt das Leben? Weil wir nur ein Leben haben – was hilft, dass dieses eine Leben gelingt?"

Und ich habe immer aufmerksam zugehört oder gelesen, wenn anderen Menschen diese oder eine ähnliche Frage gestellt wurde: Worauf kommt es an?

Hier einige Fundstücke

Bewundere dich nicht. Lass dich nicht bewundern.

In DIE ZEIT wurde Marion Gräfin Dönhoff gefragt, wie sie es ausgehalten habe, in dieser Männerdomäne Herausgeberin einer Zeitung zu sein – gegen alle Kritik, allen Widerspruch, gegen alle Intrigen. Antwort: „Sie müssen sich völlig unabhängig machen von …" Pause.

Die Zuhörer erwarteten, sie werde fortfahren mit: „… der Kritik anderer Leute."

Aber sie sagte: „Lob."

Du kannst dem Leben nicht mehr Tage geben, aber deinem heutigen Tag mehr Leben.

Unbekannt

Die Stille ernährt, der Lärm verbraucht.

Reinhold Schneider

Es gibt keinen Frieden für den, der nach Besitz trachtet, nach Macht oder nach Ehre.

Jörg Zink

Bete und arbeite, auf dass Sein Reich komme.
Lass an deinem Tag Arbeit und Ruhe von Gottes Wort
ihr Leben empfangen.
Wahre in allem die innere Stille, um in Christus zu bleiben.
Lass dich durchdringen vom Geist der Seligpreisungen:
Freude, Einfachheit, Barmherzigkeit.

Centre communautaire de Hohrodberg

Schade

Könnte ich mein Leben nochmals leben, dann würde ich
das nächste Mal versuchen, mehr Fehler zu machen.
Ich würde mich entspannen, lockerer und humorvoller sein
als dieses Mal.
Ich kenne nur sehr wenige Dinge, die ich ernst nehmen würde.

Ich würde mehr verreisen. Und ein bisschen verrückter sein.
Ich würde mehr Berge erklimmen, mehr Flüsse durchschwimmen und mir mehr Sonnenuntergänge anschauen.
Ich würde mehr spazieren gehen und mir alles besser ansehen.
Ich würde öfter ein Eis essen und weniger Bohnen.
Ich hätte mehr echte Schwierigkeiten und weniger eingebildete.
Müsste ich es noch einmal machen, ich würde einfach versuchen, immer nur einen Augenblick nach dem anderen zu leben, anstatt jeden Tag schon viele Jahre im Voraus.
Ich gehörte immer zu denen, die nie ohne Thermometer, Wärmflasche, Gurgelwasser, Regenmantel und Aspirin aus dem Haus gingen.
Könnte ich noch einmal von vorne anfangen, würde ich viel herumkommen, viele Dinge tun und mit wenig Gepäck reisen.
Könnte ich mein Leben nochmals leben, würde ich im Frühjahr früher und im Herbst länger barfuß gehen.
Und ich würde öfter die Schule schwänzen.
Ich würde mir nicht so hohe Stellungen erarbeiten, es sei denn, ich käme zufällig daran.
Auf dem Rummelplatz würde ich viel mehr Fahrten machen, und ich würde mehr Gänseblümchen pflücken.
Aber sehen Sie ... ich bin 85 Jahre alt und weiß, dass ich bald sterben werde.

Unbekannt

Auf Gott hören

„Sie kennen den christlichen Glauben schon seit Jahren. Sie behaupten, dass Ihr Gott ein redender Gott ist. Was hat er zu Ihnen gesagt?" –

Es ist seltsam, wie ein Mensch durch diese Frage zu verunsichern ist. Wir geben es als ein unaufgebbares Essential aus, dass unser Gott ein Wort hat und dieses auch gibt. Aber es scheint ein entbehrliches Wort zu sein, welches man nicht hören muss. Es reicht, über Gott eine Meinung zu haben, eine Ansicht, beliebig. Für Theologen ist es oft genug, „über einen Text" zu sprechen. Aber gerade wir Theologen sollten von Matthias Claudius annehmen: *„Manche meinen, dass sie die Sache hätten, wenn sie davon reden. Das ist es aber nicht."*

In den Ausbildungskanon und die beständige Supervision unseres geistlichen Lebens gehört eigentlich die Übung, auf Gott zu hören. Und wir sollten fleißig bei jenen lernen, die auf diesem Weg schon weiter sind.

Beten heißt, sagt Nouwen, auf die leise Stimme Gottes hören. Wir sollen wieder ge-horchend werden. Das Wort Gehorsam meint eigentlich ein besonders aufmerksames Hören. Auch das lateinische *oboedientia* sagt dies – es kommt von *ob-audire*, heißt: mit großer Aufmerksamkeit hören, lauschen und bedeutet vor allem eine Haltung des Lauschens. Ohne Hinhören und Lauschen auf Gottes Reden werden wir für die Stimme der Liebe taub. Das lateinische Wort für taub ist *surdus*. Vollkommen taub heißt *absurdus*. Wenn wir nicht mehr hören, was Gott sagt, wenn seine Liebe uns nicht mehr berührt, wenn wir ihn nicht mehr anwesend sehen im Auf und auch im Ab unseres Lebens, wird unser Leben zu einem absurden Leben, in dem wir zwischen Zukunftsängsten und bedauernden Rückblicken in die Vergangenheit hin- und hergeworfen werden. Dann kann in einer Zunft von Theologen, sagt Fulbert Steffensky, ein banales Reden auf Oberfläche entstehen, eine Rhetorik ohne Erkenntnis, ein Wort, das kein Geheimnis mehr in sich hat, ein Wortnebel, der keinen Sinn erschließt. Und das schlägt irgendwann zurück und beschädigt sowohl die Sache als auch den Berufsstand.

Gottes Stimme heraus hören

Eigentlich geht es nur darum, festzuhalten, dass wir sehr, sehr geliebt sind von Gott, unendlich bewahrt. Es kann vorrangig nur darum gehen, die gute Stimme des guten Hirten heraus zu hören und ihr zu folgen. Gott sagt dir:

Wähle immer wieder Gott

„Ich liebe dich. Und ich bin bei dir. Ich möchte sehen, wie du mir näher kommst und die Freude und den Frieden meiner Gegenwart erfährst. Ich möchte dir ein neues Herz und einen neuen Geist geben. Ich möchte, dass du mit meinem Mund sprichst, mit meinen Augen siehst, mit meinen Ohren hörst und mit meinen Händen berührst. Alles, was mein ist, ist dein. Vertrau mir nur und lass mich dein Gott sein."

Henri J. M. Nouwen

Gott finden in allen Dingen des Alltags

Ein Leben, das nach Gott sucht, kann sich verlaufen. Wohl gibt es feine Instanzen in uns, die uns spüren lassen: Es gibt keinen wirklichen Gott-Ersatz. Dennoch sind Irrwege möglich. Wenn niemand den Vater so kennt wie sein Sohn, sagt Jesus, dann wenden wir uns sinnvollerweise an diesen zuerst bei der Gott-Suche. Die Anwesenheit, die Lebenszeichen Gottes werden dann aber auch in anderem spürbar, in Zeichen der Schöpfung, in der Art, wie er uns durch die Wirklichkeit unseres Lebens umarmt.

Der Ort, an dem wir die Chance unseres Lebens erkennen

Wenn Paulus sagt: Freut euch mit den Fröhlichen! Weint mit den Weinenden! Seid eines Sinnes! Nehmt Anteil an den Nöten der anderen! Seid geduldig in der Drangsal! Seid fröhlich in der Hoffnung! ... so sind das doch Beschreibungen unseres Alltags ... Paulus sagt: Habt den Alltag und das Gewöhnliche lieb. Laßt euch vom Leben mit all seinem Auf und Ab ... mitnehmen als von der Vorsehung Gottes, die all das in seiner Vielfältigkeit so gewollt hat ... Würden wir ... unseren Alltag als Charisma Gottes annehmen, so wäre das Schwere uns leichter und unser Leben wäre gesegnet.

Der Alltag kann nicht durch Flucht, sondern nur durch Standhalten und durch eine Verwandlung überwunden werden. Also muss in der Welt Gott gesucht und gefunden werden, also muss der Alltag selbst Gottes Tag, die Auskehr in die Welt Einkehr in Gott, muss der Alltag „Einkehrtag" werden.

Karl Rahner

Woher – Wohin

Zwei Fragen, hat Hermann Bezzel mal gesagt, müsse jedes Menschenleben beantworten – irgendwie. Die Fragen lauten: „Wo komme ich her?“ und „Wo gehe ich hin?“

Natürlich kann man auch meinen, sich davor drücken zu können, indem man auf andere, wichtiger scheinende Themen verweist: Sicherung des Besitzstandes zum Beispiel.

Werner Heisenberg, der große deutsche Physiker und Nobelpreisträger, mahnt aber leise dieses an:

Mit der scheinbar unbegrenzten Ausbreitung ihrer materiellen Macht kommt die Menschheit in die Lage eines Kapitäns, dessen Schiff so stark aus Eisen und Stahl besteht, dass die Magnetnadel seines Kompasses nur noch auf die Eisenmasse des Schiffes selber zeigt, nicht mehr nach Norden. Mit einem solchen Schiff kann man keine Ziele mehr erreichen. Es wird nur noch dem Wind und der Strömung und irgendwann den Klippen ausgeliefert sein.

Der geistliche Hintergrund des Kampfes um Bibeltreue

In der Rückschau bedaure ich persönlich, dass ich mir vor einigen Jahren den Kampf um „Bibeltreue“ habe aufdrücken lassen. Aus Sorge um unser Missionswerk, aus der Bemühung, Vertrauensverlust gegenüber der „Liebenzeller Mission“ abzuwenden, haben wir uns aufgebäumt gegen Verklagungen anderer Leute. – Nun ist ja durchaus auch Gutes daraus erwachsen. Heinzpeter Hempelmann, der damalige Direktor des Theologischen Seminars, hat in brillanter Weise die Sinne schärfen geholfen für eine „Hermeneutik der Demut“, für einen sehr sachlichen, aber auch in der Haltung bescheidenen, ehrlichen Umgang mit der Bibel. – Der ganze Prozess aber, die lange Zeit der Auseinandersetzungen, haben uns damals unglaublich viel Kraft – und auch Geld gekostet. Im Rückblick denke ich: Wir waren einfach zu erschrocken durch die Anklagen von Brüdern. Und Fritz Bindes Wort haben wir auch nicht gekannt:

Es geht eine nervöse Sucht durch die Reihen der Gläubigen, sich durch Sonderlehren voneinander zu unterscheiden. Es ist dies nichts anderes als eine Folge des weit und breit vorhandenen ungekreuzigten Ich-Geistes, den Satan nach seinem Lieblingsgrundsatz ‚Teile und herrsche‘ auszunutzen versteht. Der fromme Ichgeist will sein und gelten, will sich hervortun, will sich behaupten und Recht behalten. Da nimmt er das Wort Gottes als Handhabe, um sich vermittelst dessen über andere empor zu schwingen. So streitet man unter dem Vorwand des Schriftgehorsams rechthaberisch für die eigene Meinung, macht unter der Hand Anhänger und Rotten, um im gegebenen Augenblick sich von den anderen zu trennen und mit der eigenen Rotte eine neue Versammlung zu gründen. ... Und immer brüsten sich diese Richtungsmacher mit dem Ruf: ‚Das Wort, das Wort, das ganze Wort und nichts als das Wort!‘ Und doch herrscht da nichts anderes als das Ich, das Ich, das ganze Ich und nichts als das Ich!

Gott weiß, was gut ist

Ich habe manches Mal gering gedacht von kleinen Alltagsworten. Wenn jemand ermutigen wollte mit „Kopf hoch!", zum Beispiel. Da habe ich das für eine flache Aussage gehalten. Tatsächlich fängt aber alles Hoffen damit an, dass wir den Blick erheben vom Boden, dass wir „aufsehen", dass wir uns aufrichten. „Sursum corda" haben sich die Väter einst unter die Briefe geschrieben, „die Herzen in die Höhe". – Heute will ich eher etwas Gutes suchen, wenn jemand mir wünscht „Alles Gute!" oder „Mach's gut." Und ich will selber öfter das Kleine sagen, das Schlichte, z. B. „wie schön das Leben ist" – mit Carl Zuckmayer:

Marschlied

Ich will es öfter sagen,
Damit ihr's alle wißt,
Die ihr mich könntet fragen,
Wie schön das Leben ist.

Die Leute, welche meinen,
Die Welt sei schlecht gemacht,
Sind nicht mit sich im reinen
Und gar noch nicht erwacht.

Im Guten wie im Schlechten
Hört eines Freundes Rat:
Nicht mit dem Schöpfer rechten,
Der wusste, was er tat.

Gehst du am End' zugrunde,
So trag's mit starkem Mut:
Die eine Schöpferstunde
Macht alle Tode gut!

Eine große, segnende Kraft, die Gott heißt

„Jedes Wort von ihm wiegt ein Kilo", hat ein tief Betroffener einmal über einen Verkündiger gesagt. Es gibt solche Menschen. Ihnen ist das Wort im langen Leben und aus schwerem Erleben entstanden. Sie haben ein Wort, das noch den dunklen Ackerboden an sich hat, durch tiefe Pflugscharen des Leids freigelegt, umgeben von einem unbeschreiblichen Duft. Den folgenden Satz von Martin Luther King halte ich für solch ein Wort: erdig, dunkel, mit dem Geruch des Lebens darin.

Wenn unsere Tage verdunkelt sind und unsere Nächte finsterer als tausend Mitternächte, dann wollen wir stets daran denken, dass es in dieser Welt auch noch eine große, segnende Kraft gibt, die Gott heißt.

Gott kann Wege aus der Ausweglosigkeit weisen. Er will das dunkle Gestern in ein helles Morgen verwandeln. Zuletzt in den leuchtenden Morgen der Ewigkeit.

Kräfte des Himmels

An einem Ufer stehe ich und sehe,
wie Gebirge am Himmel aufquellen oder vergehen,
wie Türme von Wolken sich aufbauen.
Ich fühle die Kräfte, die da am Werk sind.
Ich kann diese Energien nicht malen.
Ich kann sie nicht schildern, auch wenn ich weiß,
wie es zugeht da oben.
Aber ich empfinde sie.
Ich kann stärker werden, indem ich sie aufnehme.
Ich stehe in einem Kraftfeld.
Ich lebe aus ihm.
Und ich weiß: Da sind Kräfte, von denen unsere
Schulweisheit nichts weiß.
Kräfte aus Gott.

JÖRG ZINK

Kompass

Achtsam werden ist eine wichtige Lebens-Übung. Achtsam im Umgang mit der Zeit, mit dem heutigen Tag, mit den Jahreszeiten des Lebens. Auch die Signale des Körpers und der Seele wollen – sie wollen wirklich! – beachtet werden. Der innere Kompass.

Der Seemann wäre verloren,
wenn er sich nicht auf den Kompass verlassen könnte.
Ich habe nie aufgehört, wie alt ich auch geworden bin,
die Kraft des Kompasses mit einer gewissen Scheu zu verehren.

Wie ich denn auch, lieber Sohn,
immer die geheimnisvolle Macht geehrt habe,
die im Gewoge der Welt barmherzig die Gleiche ist,
gestern, heute und in Ewigkeit.
Du weißt, wen ich meine.
Ihm sollst du anbefohlen sein."

MATTHIAS CLAUDIUS

Ansichten großer Leute

Manfred Rommel (OB Stuttgart) über Lothar Späth (Ministerpräsident Baden-Württemberg): „Ein virtuoser Navigator in flachen Gewässern."

Kurt-Georg Kiesinger (Bundeskanzler) über Ludwig Erhard (Wirtschaftsminister): „Er hat die Kunst verstanden, am rechten Ort zur rechten Zeit und bei der richtigen Sache untätig zu bleiben."

Leo Trotzki hat in seinen Erinnerungen über den Aufbau der Roten Armee geschrieben: „Hätten wir noch mehr Zeit gehabt, hätten wir sicherlich noch mehr Fehler gemacht."

Manfred Rommel als Soldat: „Wer mich sah, ließ sofort die Hoffnung fahren. Ich sah aus wie die personifizierte Niederlage."

Manfred Rommel, Soldat 1944: „Überall rückten die Alliierten vor. Eines Tages erreichte uns der Befehl, die Namen der feindlichen Flugzeuge nicht mehr englisch, sondern deutsch auszusprechen: Royal Air Force. Das war ein schwerer Schlag gegen die Engländer."

Manfred Rommel: „Deutsche Tugenden wie Tapferkeit, Disziplin, Pünktlichkeit, Fleiß und Kameradschaft sind keine absoluten Größen. Man kann sich auch tapfer der großen Aufgabe eines Banküberfalls stellen, diesen diszipliniert planen, ihn mit Pünktlichkeit einfädeln, mit Fleiß durchführen und die Beute kameradschaftlich teilen."

Im Unverständlichen weiterlesen

„Man muss lernen, das Unverständliche weiterzulesen." Der Schriftsteller Peter Bichsel erzählte, wie er schon als Jugendlicher Gesamtwerke gelesen hatte: Goethe, Marie von Ebner-Eschenbach und andere. Dabei habe er vieles nicht verstanden, aber er habe weitergelesen. Und dies sei für seine Entwicklung als Leser und Schriftsteller, ja seines Lebens überhaupt, von hoher Bedeutung gewesen. Denn im Leben gelte es auch oft weiterzulesen bei unverständlichen Passagen.

Dem ist nachzudenken.

Schon Kleinkinder machen es ja so: Ein kleines Kind „versteht" ja eigentlich noch nichts von dem, was ein Erwachsener spricht. Aber dann liest es eben im „Unverständlichen" weiter: Es spürt die Atmosphäre, die Person, ihre Gesichtszüge, ihren Atem … und dabei lernt es allmählich das Sprechen.

Über die einfachen Dinge

Luise Rinser erzählt von „zwei feinen Pinselstrichen“ ihres Lebens.

Einmal, da war sie erst fünf Jahre alt, sei das Nachbarhaus abgebrannt. Als alles in Flammen stand, habe die Tochter der Nachbarin gerufen: „Jetzt glaube ich nicht mehr an Gott. Es gibt keinen. Es ist alles verlogen!“ Der Pfarrer und andere haben versucht, die junge Frau von solchen Worten abzubringen, aber die Kathy, so hieß sie, machte immer weiter damit. Und da sei es geschehen, dass sie, die kleine fünfjährige Luise Rinser dieser Frau ihre kleine gipserne Madonna geschenkt habe, einfach, um etwas Liebes für sie zu tun, aus einem Antrieb ihres kleinen Herzens. Da brach die Kathy in Tränen aus und es kam ihr das Vertrauen ins Leben und an Gott zurück.

Jahre später, 1960 bis 1965, lebte sie in Rom. In dieser Zeit ging sie jeden Morgen zur Frühmesse, die von einem Priester an einem Seitenaltar gefeiert wurde. Es waren meistens nur zwei Personen da, Luise und eine alte Hausmeisterin:

Wir knieten nebeneinander, wir gingen miteinander zur Kommunion. Und ich habe dabei intensiv erlebt, dass wir beide Eins sind durch das Essen des Brotes. Das Erlebnis der Eucharistie, ein immer neues, beglückendes Erlebnis.

Immer noch offen

Interview

Wenn er kommt, der Besucher,
Der Neugierige, und dich fragt,
Dann bekenne ihm, daß du keine Briefmarken sammelst,
Keine farbigen Aufnahmen machst,
Keine Kakteen züchtest.
Daß du kein Haus hast,
Keinen Fernsehapparat,
Keine Zimmerlinde.
Daß du nichts weißt,
Warum du dich hinsetzt und schreibst,
Unwillig, weil es dir kein Vergnügen macht.
Daß du den Sinn deines Lebens immer noch nicht
Herausgefunden hast, obwohl du schon alt bist,
Daß du geliebt hast, aber unzureichend,
Daß du gekämpft hast, aber mit zaghaften Armen.
Daß du an vielen Orten zu Hause warst,
Aber ein Heimatrecht hast an keinem.
Daß du dich nach dem Tode sehnst und ihn fürchtest.
Daß du kein Beispiel geben kannst als dieses:
immer noch offen.

MARIE LUISE KASCHNITZ

„Immer noch offen" – welch schönes Ergebnis einer Menschenseele auf dem Heimweg durchs Leben zu Gott. Es gibt diese Offenheit aber wohl nur, indem man unterwegs das Loslassen übt, das Ja zum Weitergehen, eine freundliche Willigkeit nach vorne.

Irgendwie lernt man ja in den Jahren, dass die meisten

Dinge im Leben nicht zum Festhalten da sind. Noch nicht mal die eigenen Kinder oder den Ehepartner kann man für immer haben. Wir müssen einander ja auch mal sterben lassen können. Darum, wenn ich mir etwas wünschen dürfte, dann würde ich so wählen: dass mir Glaube und Hoffnung bleiben und ein Herz, das immer anfällig ist für Liebe.

Das reicht, glaube ich, um offen zu bleiben für den Rest dieses wunderbaren Lebens.

Frère Roger

Im August 2005 ist Frère Roger, der Gründer und Leiter der Ökumenischen Gemeinschaft von Taizé beim Abendgebet in seiner Kirche ermordet worden. Frère Roger ist wegen seiner grenz- und konfessionsüberschreitenden Haltung mitunter kritisiert worden. Hunderttausende weltweit haben ihn aber auch als einen Menschen mit außerordentlicher geistlicher Ausstrahlungskraft erlebt. Ein junger Dresdener sagte es so: „Er hat auf mich einen ultrabarmherzigen Eindruck gemacht."

Ein paar Worte über ihn und von ihm:

Einer meiner Leitsätze ist ein Wort von Frère Roger: „Für mich ist Christus der, von dem ich lebe und zugleich der, den ich mit euch gemeinsam suche."

JÜRGEN STABE

Vierhundert Jahre nach Christus lebte in Nordafrika ein Glaubender, der Augustinus hieß. Er hatte Schlimmes durchgemacht, den Tod nahe stehender Menschen miterlebt. Eines

Tages konnte er zu Christus sagen: „Licht meines Herzens, lass nicht zu, dass meine Dunkelheit zu mir spricht." In seinen Anfechtungen hatte Augustinus begriffen: Der Auferstandene hatte ihn niemals verlassen, seine Gegenwart war Licht mitten in der eigenen Dunkelheit.

Jesus Christus, inneres Licht, lass nicht zu, dass meine Dunkelheit zu mir spricht. Jesus Christus, inneres Licht, gib, dass ich deine Liebe empfange.

Frère Roger

Freuen soll sich, wer im Herzen einfach ist! Aus dem Frieden des Herzens kann unversehens eine Freude des Evangeliums hervorbrechen. ... Und durch den Frieden unseres Herzens machst du den Menschen, die uns nahe sind, das Leben schön.

Frère Roger

Menschen sind manchmal streng. Gott kommt und hüllt uns in Erbarmen. Niemals, nie und nimmer quält Gott das Gewissen des Menschen. Er webt unser Leben wie ein schönes Gewand mit den Fäden seines Verzeihens. Er versenkt unsere Vergangenheit ins Herz Christi und hat sich unserer Zukunft schon angenommen. Die Gewissheit der Vergebung ist die unerhörteste, unwahrscheinlichste, weitreichendste Wirklichkeit des Evangeliums. Sie macht unvergleichlich frei.

Frère Roger

Wäre das Vertrauen des Herzens aller Dinge Anfang ..., ginge es jedem kleinen oder großen Unterfangen voraus ..., du kämst weit, sehr weit. Du würdest Personen und Ereignisse von einem inneren Blick voll Frieden her wahrnehmen und nicht mit einer Unruhe, die dich in die Vereinzelung treibt und die nicht von Gott kommt. Unversehens würdest du zu einem Ferment des Vertrauens und des Friedens, selbst noch in den Wüsten der Menschheitsfamilie, dort, wo sie sich in Stücke reißt.

Frère Roger

Macht

Jerobeam (1. Kön. 11 f.) ist befähigt, fleißig, führungsbegabt. Selbst König Salomo denkt, man könne diesen Burschen vor andere Leute stellen. Eines Tages begegnet ihm gar ein Gottesmann und beruft ihn mittels einer prophetischen Handlung zum Nachfolger Salomos über zehn Stämme Israels. Bescheiden nimmt Jerobeam das Unverhoffte an. In keiner Weise versucht er seinen Werdegang zu beschleunigen, eher im Gegenteil: Er kann warten, bis ihn auch das Volk zum König beruft.

Das Unheimliche kommt erst dann: Kaum ist Jerobeam König, kaum befindet sich Macht in seinen Händen, schon wird er misstrauisch, schon sucht er ängstlich, seine neue Position zu sichern und sich daran festzukrallen. Wie war das möglich? Antwort: Der Machtzuwachs brachte es fertig, aus einem rechtschaffenen Mann in kurzer Zeit einen Despoten zu machen.

Macht ist eine der unheimlichsten Größen, die ich kennen gelernt habe. Sie kann einen Menschen deformieren. Wie kommt das? Verdirbt Macht den Charakter? Es gibt solche Vermutungen:

- „Die Macht an sich ist böse, gleichviel, wer sie ausübe. Sie ist kein Beharren, sondern eine Gier und eo ipso unerfüllbar, daher in sich unglücklich und muss also andere unglücklich machen". (Jacob Burckhardt, Weltgeschichtliche Betrachtungen, 1905)
- „Macht verdirbt den Mächtigen. Absolute Macht verdirbt ihn absolut." (Lord Acton, englischer Historiker, 1834–1902)

Gewöhnlich wird diesen Aussagen entgegen gehalten, dass es auch so etwas wie „positive Machtausübung" gebe, dass es darauf ankomme, wie man mit Macht umgeht usw. Ich meine, dass sich bei Menschen, die in Führungspositionen kommen, sehr schnell etwas verselbstständigen kann, und dass man deshalb – bitte, das ist meine persönliche Ansicht – auf Folgendes achten sollte:

- Man helfe einem Leiter durch ein qualifiziertes Gegenüber, vor dem er sich verantworten muss, z. B. durch ein Team, in das er sich einfügen muss. Machtmenschen sind oft unsicher und ängstlich. Wenn dies je vorher noch nicht erkennbar war, müsste es ein Korrekturinstrument (Team, unabhängiger Supervisor) geben, welches in der Situation intervenieren darf.
- Je besser ein solches Team ist, desto eher ist es dort möglich, den Charakter eines Leiters wieder und wieder zur Sprache zu bringen. Darum soll dort das regelmäßige Feedback und damit die Verantwortung voreinander und füreinander Kultur, nicht nur Möglichkeit sein.
- Bei der Auswahl des Kandidaten sollen berufliche Qualifikationen wichtig sein, charakterliche aber nicht minder: Das nüchterne Wissen um eigene Begrenzungen und eine

bewährte Art, damit umzugehen, vorgeführt u. a. an der Fähigkeit, sich etwas sagen zu lassen – so etwas ist ausgesprochen wichtig.

- Wer andere leiten will, muss glaubhaft ein eigenes Wissen um den eigenen eingeschränkten Blickwinkel anzeigen können, und er muss eine große Lernwilligkeit haben.
- Christliche Leiter sollten immer wieder darauf angesprochen werden dürfen, ob sie nur von Gott reden oder ob sie ihn kennen. Die Frage ihrer persönlichen Spiritualität sollte, bei aller Beschränktheit menschlicher Beurteilung, gerade nicht für erledigt oder tabu erklärt werden. Sie ist vor Gott auch nicht tabu. (Jer. 3,15)

Der tüchtige Mitarbeiter

Manfred Rommel, den ich für einen soliden Menschenkenner halte, hat über einen seines Erachtens tüchtigen Mitarbeiter Folgendes geschrieben – in meinen Augen Kriterien, die man bei Personalwahlen, Bürgermeisterwahlen usw. immer wieder einmal beachten sollte:

Der zu Wählende müsste:

1. ein Mensch sein, der einen moralischen Kompass in sich hat und sich nach diesem ausrichtet. Die totalitären Systeme im vergangenen Jahrhundert haben demonstriert, in welchem Maße der Mensch verführbar ist, wenn dieser moralische Kompass nicht funktioniert.
2. ein Mensch sein, der Tatsachen erkennen kann und will und der auch dann weiter denkt, wenn es unbequem wird.

3. einer sein, dessen Selbstbewusstsein nicht beschädigt wird, wenn er Fehler zugibt. Oft wundert man sich über weit hergeholte, komplizierte und nicht recht verständliche Betrachtungen eines Menschen, Betrachtungen, die allerdings nicht mehr sind als der Versuch, die erkannten aber nicht zugegebenen Fehler in einem Wortnebel zum Verschwinden zu bringen.
4. ein Mensch sein, der über sein berufliches Können hinaus an sich arbeitet, um weiter zu lernen, weiter zu sehen, auch Fremdes zu erkennen und Ungewohntes zu erfassen.
5. jemand sein, der sich für andere Menschen einsetzt und zwar in einem Geist der Toleranz.

MANFRED ROMMEL

Habt Geduld mit der Streitsucht der Einfältigen!
Es ist nicht leicht zu begreifen, dass man nicht begreift.

MARIE VON EBNER-ESCHENBACH

Kreuz und quer

Sensation

Welch ein Glück in der Familie ist so ein Neugeborenes!

Seit Wochen „kommt“ die Kleine nachts sechs- bis siebenmal. Mama und Papa sind ganz fertig.

Eines Nachts bleibt es ruhig.

Gegen drei Uhr morgens schüttelt Mama ihren Mann: „Hey, wach auf, ich glaub unser Kind schläft durch!“

Grr …

Nachtalarm

Die Familie nimmt in hoher Stückzahl am Arbeitswochenende auf der Starzelhütte teil. Der Speicher ist voller „Wolfis“ (Wolfsbergers). Ein Genuss. Endlich gibt's Ruhe. Endlich, endlich. Aber dann muss Hanns nochmal die Treppe runter. Als er wieder kommt, ist es auf dem Speicher still, und alle schlafen. Seine Matratze liegt neben Sven, seinem großen Bruder. Hanns schreit ganz laut: „Sven, Sven, wach auuf!“

Sven schnellt erschrocken aus dem ersten Schlaf: „Was isch los?“

Hanns: „Guad Naacht!“

Danach war's mit dem Schlafen erst mal wieder vorbei.

Ähnliche Situation einige Monate später. Wieder ist die Familie glücklich auf dem Starzel-Speicher vereint. Heiner muss nachts aufs Klo. Natürlich wachen alle auf, aber keiner sagt etwas. Als er außer Hörweite ist, fragt Papa in die Dunkelheit: „Macht jemand mit? Jetzt singen wir dem Heiner ein Geburtstagslied, wenn er kommt."

Durch die Dunkelheit tappt er heran.

Da dröhnt es los auf einen Schlag: „Lieber Heiner, wir gratulieren dir heute zum Geburtstag."

Heiner fährt furchtbar zusammen und schimpft laut über diese Schnapsidee. Kichernd taucht die Gesellschaft wieder in die Schlafsäcke ab. Zwei Minuten später, als es wieder ganz still ist, kommt Mamas Stimme unter der Decke vor: „Und ich Esel hab' auch noch mitgesungen, dabei hat der Heiner doch heute gar keinen Geburtstag."

Manchmal ist der Wurm drin

Eva hat ein neues Kleid bekommen. Es steht ihr super. Als es einmal gewaschen werden muss, ist das Wasser zu heiß. Nun ist das gute Stück eingegangen. Evas Schwester erbarmt sich: Sie bügelt das Kleid und dehnt es dabei. Da zerreißt es. Als es kunstvoll wieder genäht ist, muss es noch einmal gewaschen werden. Da rutscht ein roter Strumpf mit in die Wäsche. Nun ist es verfärbt ... Es gibt solche Tage.

Die kleinen Dinge des Lebens

Paulus beschreibt, wenn er vom geistlichen Leben redet, viele kleine Dinge des täglichen Lebens. Er rät, sich nicht selbst zu betrügen, andere Menschen nicht zu richten, das Wissen zu hüten, dass wir vom Empfangen leben. Weiter schreibt er: „Ob ihr nun esst oder trinkt oder was ihr auch tut, das tut alles zu Gottes Ehre.“ Oder: „Alle eure Dinge lasst in der Liebe geschehen!“.

Das alles sind Beschreibungen des Alltags. Der Alltag ist Gabe Gottes, also eine Art eigenes Charisma, und enthält mehr Führung, als viele für möglich halten. Wenn das wahr ist, sollten wir den Widerfahrnissen eines ganz normalen Lebenstages eher ein freundliches Interesse als Abwehr und Gestöhne entgegenbringen. „Habe das Gewöhnliche lieb“, empfiehlt Karl Rahner, was die kleinere Münze von Dostojewskijs „Habe dein Schicksal lieb“ ist, „denn es ist der Weg Gottes mit deiner Seele“.

Dies auszuprobieren hieße, sich einzuüben in einen versöhnteren Umgang mit persönlich gefühlten Widerwärtigkeiten und Unpässlichkeiten. In ihnen Gottes Weitergehen mit uns zu sehen, könnte mehr Verheißung haben als die Flucht vor ihnen. Verwandlung erwarten durch Standhalten; nicht ausweichen, den Alltag zum Einkehrtag bei Gott machen – das wäre in Barmherzigkeit gegen sich selbst auszuprobieren.

Vom Wert des heutigen Tages

Viele Jahre meines Lebens habe ich mich immer vorbereitet auf morgen, auf übermorgen, auf nächste Woche. Das schien besonders in meinem Beruf auch geboten. Worauf mich niemand aufmerksam machte und was ich auch selbst nie bemerkte: Der jeweils heutige Tag schien eigentlich kaum einen Eigenwert zu haben – schien nur die Ausgangsbasis für morgen, für übermorgen zu sein.

Aber der heutige Tag ist doch auch etwas wert! Ich lebe nur heute. Heute bin ich von Menschen umgeben, die mich morgen vielleicht schon verlassen haben. Meine Kinder, zum Beispiel. Von dem, was ich heute lebe, erlebe, empfange, habe ich doch überhaupt erst das Material für das morgen zu Gebende, zu Sagende. Dass sich diese Einsicht konkretisierte, habe ich meinen Kindern zu verdanken. Eines Tages sagten sie es, ganz auf ihre Art natürlich, das heißt direkt und unverblümt: „Papa, Du hast dich schon so viel vorbereitet in deinem Leben, du hast so viel Stoff in dir angesammelt, lass es doch jetzt mal gut sein mit Studieren, Lesen und Schreiben!“ Ich saß gerade an einer Vorbereitung und schrieb. – Meine Körpersprache verriet wohl mein Zögern. Deshalb gab's gleich noch eine hinterher: „Was du schreibst, ist ohnehin nicht so besonders gescheit!“ Und schließlich: „Das Interessanteste an Dir ist doch immer Deine Person!“

Diesem Wort habe ich seither nachzudenken. Ich weiß ja: An einem Menschen redet sehr viel mehr als sein Mund. Was ein Mensch ist, das drückt sich von Kopf bis Fuß aus. Der Mund kann lügen, der Körper nicht, sagt man. Folglich ist der Charakterbildung, der Einübung eigener Lauterkeit, einem stimmigen Umgang mit den Dingen des Lebens, auch einer geistlichen Integrität große, ja vorrangige Beachtung zu geben. Das aber kann man nicht auf morgen verschieben. Das Heute bildet mein Leben. Und Menschen, die mir heute gegeben sind, um mir den Spiegel vorzuhalten.

Übrigens meine ich zu sehen, dass Jesus dieser Sache, der Achtsamkeit gegenüber dem Heute, ebenfalls große Bedeutung beigemessen hat, man denke nur an: „Unser täglich Brot gib uns heute."

Hannas Teehausgeschichte

Tochter Hanna Epting erzählt aus Argentinien:

Walisische Teehäuser gehören zu den kulturellen Highlights unseres argentinischen Einwandererörtchens. Sie stehen für über hundert Jahre unübertreffliche Tee- und Kuchentradition und repräsentieren den walisischen Lebensstil, der bis heute zum Stolz der Treveliner gehört.

Es gibt drei Teehäuser am Ort, jedes ist überzeugt, das absolut älteste und originale zu sein. Im touristischen Wettrüsten hat nun eins dieser Häuser keine Kosten gescheut und zu einem großen Umbau- und Renovierungsschlag ausgeholt.

Eine Treppe, die zu einer Galerie führte, wurde eingebaut, von außen glänzten die neuen Gauben, und es war nur eine Frage der Zeit, bis wir an einem Sonntagnachmittag das Ganze von innen betrachten würden können.

Es ist auch fast alles gut gegangen. Der Kuchen war gut, der Tee auch, das Haus war bis auf den letzten Platz gefüllt, und wir waren schon fast am Gehen. Ich wollte nur noch ganz kurz einmal die neue Galerie ansehen. Also Treppe hoch, Sohnemann auch dabei, Galerie angeguckt – die, wie ich fand, von außen besser aussah –, und Abstieg angetreten.

Die schlimme Treppe

Es geschah auf der fünftuntersten Stufe. Nur ein kleiner harmloser Ausrutscher. Auf einem Arm war Klein-Nathi, blieb also noch der andere Arm, um Halt am neuen, schön gedrechselten Geländer zu suchen. Dafür sind Geländer ja schließlich da, sollte man meinen.

Doch das Geländer gab nach, als sei es nicht aus Holz, sondern aus dünnen Streichhölzchen, und unser kleiner Ausrutscher war in vollem Begriff, sich in eine Lawine zu verwandeln. Mit einem Riesen-Krach brach das Geländer in sich zusammen, krachte knapp an den Köpfen der entsetzten Teehausbesucher vorbei auf den Boden, um dort in unzählige Einzelteile zu zerschellen. Winzige Nägelchen stachen einsam lächelnd aus dem verbleibenden Treppenstück heraus.

Ich war inzwischen kullernd am Ende der Treppe angelangt. Mein Kind fest im Griff, krabbelte ich unter einem Tisch hervor, die dort sitzenden Gäste freundlich grüßend. In meinem Herzen wünschte ich nichts sehnlicher als die sofortige Wiederkunft Jesu. Wir flüchteten regelrecht, überzeugt, am nächsten Tag in den Schlagzeilen zu lesen: „Deutsche ruiniert frisch renoviertes Kulturerbe."

„Doch!"

Am Zweiten Weihnachtstag führen die Kinder ein Anspiel im Gottesdienst auf. Am Vorabend wird geübt. Das Stück entwickelt sich zum Lustspiel. Tausend Ideen. Fünftausend Jokes. Nur der Text sitzt nicht. Aber egal, die Aufführung ist ja erst morgen.

Mit Hilfe des Kopierers werden die Sprech-Texte verkleinert und an verschiedenen Stellen (Handfläche, Innenseite der Kleidung usw.) fixiert, um dem jeweiligen Akteur das Steckenbleiben zu ersparen. Heiner hat einen Kurzeinsatz als Balthasar aus dem Morgenland, im Drehbuch genannt: „Weiser 1". Sein erster zu sprechender Text lautet: „Doch! Doch!"

Dann kommt die Szene: Die Weisen aus dem Morgenland stehen vor der Tür und wollen das Kind anbeten. Josef, der sich gestört fühlt, sagt: „Das gibt es doch nicht! Am Heiligen Abend!"

Nun muss Heiner sagen: „Doch! Doch!" Als seine Stelle kommt, ist er mit seinen Gedanken noch irgendwo auf der A 5 zwischen Babylon und Bethlehem. Sein Bruder rammt ihn mit dem Ellbogen und flüstert ihm zu: „Doch!"

Heiner: „Doch!"

Auf der Kanzel steht Simeon, unser Jüngster. Er ist „der Erzähler“ und gleichzeitig Souffleur für die anderen. In seinem Textbuch steht an dieser Stelle: „Weiser 1: Doch! Doch!“ Also: Zweimal „doch“, nicht nur einmal. Deshalb ruft er leise von der Kanzel herunter: „Doch!“

Heiner schaut zur Kanzel hinauf, sicher, dass er seinen Part schon gesprochen hat. Er sagt nichts.

Darauf Sime noch einmal von der Kanzel herab: „Doch, doch!“

Darauf Heiner zur Kanzel hinauf: „Doch, habe ich doch schon gesagt!“ Simeon von der Kanzel: „Doch, doch!“

Heiner: „Was denn jetzt?“ Er knöpft seinen babylonischen Umhang auf und späht mit steil geneigtem Kinn auf seinen Spickzettel. Dort steht: „Doch! Doch!“ Er liest noch mal mit lauter Stimme, was ihm aufgetragen ist: „Doch! Doch!“ …

Das waren dann insgesamt zehnmal „doch“. Ein gewaltiger Einsatz für so ein kleines Wort.

Heiner

Blühende Fantasie

Ich kann mir Ereignisse und Szenen ausgesprochen gut vorstellen. Das geht bis hinein in meine Mimik – so bin ich dabei. Das kommt wohl von meiner Liebe zu plastischen Geschichten. Meine Vorstellungsgabe hat mir dann auch manche vergnügliche Zeit beschert – etwa während einer Sitzung des Kirchengemeinderates:

Ein Chorkonzert war vorbei. Mein Kollege im Pfarramt berichtete darüber in der Sitzung. Er war bedrückt, merkte man ihm an. Er war traurig über die immer weiter abnehmende Qualität seiner Kantorei. Er berichtete: „Als ich unsere Kantorei am Sonntag singen hörte, da hörte sich das an, als ob man einen rostigen Nagel aus einem Balken zieht. Ich hätte mich am liebsten unter dem Altar versteckt."

Sowohl der Vergleich als auch die Vorstellung, den korpulenten Kollegen unter der Altardecke hervorlugen zu sehen, war hinreißend und den langen Sitzungs-Abend wert.

Gradlinig

Es gibt Menschen, die haben eine einfache und gradlinige Logik. Sie denken nicht zwei oder drei Sachen gleichzeitig, hinten- und vorneherum – nein, da geht es so wie bei Hermann:

Hermann war ein Bauernsohn. Bodenständig. Nüchtern. Unverdorben in seinen Ansichten. Ein prächtiger junger Mann. Eines Tages wollte der Staat auch etwas von ihm haben und berief ihn ein zur Bundeswehr. Hermann aber wollte auf seinem Bauernhof bleiben und statt das ganze Land lieber seine mageren Einkünfte aus Feld und Reben verteidigen. Aber die Maschinerie lief, und er musste vorreiten zur Verhandlung als „Kriegsdienstverweigerer". Vor ihm saßen drei Männer, die überzeugte Soldaten gewesen waren. Sie stellten ihm die Fragen: „Stellen Sie sich vor, die Russen würden Deutschland überrennen. Was würden Sie dann machen?" Hermann denkt nach: Viele Russen, die auf ihn zu rennen ... Dann sagt er nur: „Abhauen." Der alte Soldat wollte ihn aber auf den Punkt der Selbstverteidigung führen. Deshalb legte er nach und fragte so: „Stellen Sie sich vor, zwei Russen dringen in Ihren Stall ein. Sie sind gerade am Melken. Und nun binden die Russen ihre Kühe los und wollen sie weg führen. Was würden Sie da sagen?" – Hermann: „Da würde ich sagen: Heh ... das sind meine Kühe!"

Identität

Unwahrhaftige Begegnungen empfinde ich als sehr belastend. Gespräche, in denen auf einer vermeintlichen Sachebene gesprochen wird – darunter aber, verdeckt, verschleiert oder durch ein Wortgebüsch verhüllt, liegt ein ganz anderes Thema. Die Verhandlungsebene, die den Gesprächspartner unter Umständen viel Zeit und Kraft kostet, ist eine Scheinebene; in Wirklichkeit geht es um nicht geäußerte Emotionen, Interessen, Befürchtungen, um Ehrgeiz, Neid und Macht. Das ist anstrengend und enttäuschend und belastet, wenn die Sache herauskommt, die Beziehungen.

Natürlich gibt es Erklärungen dafür, und unser christliches Gewissen wird versuchen, mit dem allem verständnisvoll umzugehen. Wir werden anerkennen, dass bei einem

Menschen immer Angst im Spiel sein kann, Unfreiheit aus schlechten Erfahrungen, und nun hat ein verletzter Mensch vielleicht Mühe, zu sich selber zu stehen und wahrhaftig zu reden.

In Ruhe lassen sollte uns das dennoch nicht. Um unserer selbst willen nicht. Fragen wir lieber: Gibt es für Unwahrhaftigkeit, für Neigungen zum Verdrängen, Verschleiern und Verhüllen auch Ursachen im System?

Haben manche vielleicht ein aus langer falscher Verkündigung gewonnenes, mangelhaftes Selbstverständnis? Ein Identitätsproblem?

Was hören wir, wenn wir Jesus fragen?

Etwa so: Jesus, wie hast du eigentlich dein Leben verstanden? Du warst keiner, der den Menschen gedroht hat, du hast niemanden gezwungen, du hast nicht getäuscht und nicht verwischt. Du warst von einer frappierenden Gradlinigkeit.

Deine Offenheit zeigte eine große Unbesorgtheit über dein persönliches Schicksal. Du hast nie taktisch geredet. Du hast dein Wort nicht abhängig gemacht von möglicher Ablehnung. Du konntest Menschen die Dinge so sagen, wie sie sind, ohne damit ihr Leben zu verneinen. Wie hast du das gemacht? Woher hattest du die innere Stabilität dafür? Warum wurdest du in deiner so ganz und gar irdischen Existenz nicht überwältigt von den Urtrieben, die uns so zu schaffen machen: Erfolg, Ansehen und Macht?

Warum bist du nicht dem Regelwerk erlegen, das unter uns so plausibel ist, nämlich: Ich bin das, was andere Menschen über mich sagen?

Wenn wir Jesus nach seiner Identität fragen, nach seiner Mitte, was hören wir als Antwort?

Ich höre dies, und dies leuchtet mir unter allem am meisten ein: Jesus wusste zutiefst: „Ich bin der geliebte Sohn meines Vaters“ (Mk 1,10f.). Darum ist er auf die Versuchungen von Anerkennung und Einfluss nicht hereingefallen. Darum hat er das Alleinsein mit dem Vater gesucht – selbst, wenn das niemand verstanden hat. Jesus erhielt seine Bestimmung nicht durch das, was die Menschen von ihm erwarteten, sondern von dem, was der Vater im Himmel ihm ins Herz flüsterte: „Du bist mein geliebter Sohn, an dem ich Wohlgefallen habe.“ Darum ist er auch nur ein einziges Mal im Leben wirklich außer Kontrolle geraten: Als ihm auf der letzten Wegstrecke seines Lebens die Liebe seines Vaters verdunkelt war.

„Ich bin geliebt von Gott, von unendlichem Wert, für die Ewigkeit bestimmt“ – erinnern wir uns an andere, die das auch gefunden haben: Johannes, der sich im Evangelium nicht mit Namen nennt, sondern nur unter seinem Identitätsmerkmal: „Ich bin der, den Jesus liebt.“ Oder Paulus, der sagt: „Zieht an, als Auserwählte Gottes, als Heilige und Geliebte …“ – zieht das an, es macht euch anziehend.

Es ist von einer ganz ungeheuren Kraft, wenn wir einen Weg finden, uns von Gott lieben zu lassen. Wer sich geliebt weiß, hat den Sinn seines Lebens gefunden. Fast gleichzeitig wird er anderes verlieren: den Zwang zum Vergleichen, den Antrieb, andere zu richten, die Angst vor Gott.

War es nicht das Anliegen des Evangeliums, genau dies der Welt zu sagen: „Du bist so sehr geliebt, so sehr, dass die tollsten Dinge daraus folgen: Gott betritt die Erde!“

Das ist gewisslich wahr

Losungen, wenn sie nicht als Orakel gelesen werden, sind ein Geschenk. Aber sie kriegen den orakelhaften Beigeschmack auch nicht recht los. Ich habe das selbst immer wieder erlebt:

Am 10. Aug. 1993 haben wir im Pfarrhaus in Aldingen die Umzugskartons zugeklebt, um nach Liebenzell zu ziehen. Was wird uns dort erwarten? Freunde haben gesagt, dort sei vermintes Gelände. Gutmeinende haben gewarnt, das sei ein Himmelfahrtskommando. Während des Einpackens lasen wir die Losung: *„Der Herr wird seinen Engel vor dir her senden“* (1. Mose 24,7). Na also, mit diesem Wort kann man doch umziehen, oder?

Dann sind wir allerdings mit dem Packen und Abfahren nicht rechtzeitig fertig geworden, und als es am nächsten Morgen losging, da stand im Losungsbuch: *„Ich will des Herrn Zorn tragen …“* (Micha 7,9) und *„So demütigt euch nun unter die gewaltige Hand Gottes, damit er euch erhöhe zu seiner Zeit“* (1. Petr. 5,6).

Das war dann schon etwas anderes. Unter dem Zeichen des Zorns sollen wir nach Liebenzell gehen? Demütigen ist angesagt?! Und die Erhöhung kommt auch erst zu seiner Zeit … mir wäre früher lieber gewesen.

Dann schliefen wir die erste Nacht auf dem Missionsberg. Am Morgen die Losungen: *„Wir sind nicht von denen, die zurückweichen und verdammt werden, sondern von denen, die glauben und ihre Seele erretten“* (Hebr. 10,39). – Na toll …

Die Losungen hatten es nicht immer leicht, unsere Zweifel und Bedenken zu zerstreuen. Auch damals nicht. Was hatten wir schon in der Hand – ob die Zusammenarbeit mit den Liebenzellern gut gehen werde? Wusste die Liebenzeller Mission wirklich, wen sie sich da als Leiter geholt hatte? Oder waren ihre Augen gehalten? Und Jahre später noch habe ich gedacht: Wäre ich nicht 100 mal geflogen, wenn ich nicht Direktor gewesen wäre?

Als ich dann die erste Missionsreise gemacht habe nach Japan und Mikronesien, als ich in Japan unter dem Tisch schlief, die WCs so klein, dass man die Türe auflassen musste, in Neuguinea gab es Fledermäuse zum Essen, und die ganze Liebenzeller Missionswelt war so voller fremder Menschen und Sprachen – da habe ich in Manila bei einem Zwischenstopp zu Gott gefleht mit dem Losungsbuch: *„Hilf mir aus dem Rachen des Löwen und vor den Hörnern wilder Stiere …“* (Ps. 22,22). Und ich habe zu zweifeln begonnen an der Weisheit meines damaligen Bischofs, der mich ohne Sorge zu diesem Schritt ermutigt hat. Und ich war unsicher ob der Klugheit eines hochgeschätzten Prälaten, der an einen möglichen Schiffbruch meiner schwachen Existenz anscheinend gar nicht dachte. Aufgescheucht „wie eine legiche Henne“, so habe ich mich damals durch den Flughafen gebetet – und gar nicht geahnt, wie sehr ich bereits drin war im Kraftfeld jenes David-Gebetes. Denn jener Satz Psalm 22 endet mit den Worten: *„… und du hast mich erhört!“*

Erhört – wenn auch ganz anders, als ich es gemeint habe …

Wenn ich zurückschaue, muss ich sagen: Ich wäre ein undankbarer Klotz, wenn ich nicht zugäbe: Trotz aller meiner Zweifel und Furchtsamkeiten – hat Gott wieder und wieder und zwar mein ganzes Leben lang etwas Schönes aus meiner Lage gemacht.

Das ist gewisslich wahr.

Helfen statt trösten

So ein Umzug ist anstrengend. Was sich in einer Wohnung alles ansammelt in Jahren. Sicher, bevor der Möbelwagen kommt, will man aussortieren, die Mengen verkleinern, aber dann reicht es doch nicht, und schließlich packt man alles in Kartons und nimmt es eben wieder mit. Als wir in Liebenzell ankamen, waren einige Helfer da – aber wir hätten Legionen brauchen können. Ach, die vielen Kartons und die vielen Treppen …

Auf einmal kam eine große Schar junger Leute daher. Bärbel war sofort begeistert und fragte Ernst Vatter: „Wollen die alle helfen?" – „Nein, die wollen singen."

So standen sie dann und sangen: „Seid nicht bekümmert, seid nicht bekümmert …"

Als sie wieder abzogen, versuchten wir es …

Abgebremst

Die erste Missionsreise meines Lebens war eine Katastrophe. Zusammen mit Ernst Vatter waren wir vier Wochen in Japan und der Südsee unterwegs. Überall Menschen, die ich noch nie gesehen hatte, Verhältnisse, die mir völlig fremd waren, Sprachen, die ich nicht kannte. Ernst Vatter bewegte sich in dem allem mit traumwandlerischer Sicherheit. Während ich von Tag zu Tag müder wurde, blühte er immer mehr auf. Auch wenn wir zu Fuß unterwegs waren, eilte er mir immer etliche Meter voraus. Als wir auf der Pazifikinsel Guam zum wiederholten Male an einer langen Schlange zur Passkontrolle anstehen sollten, flitzte Ernst stracks zum Diplomatendurchgang. Hängende Zunge und fragender Blick bei mir. Aber Ernst sagte nur: „Wir stellet uns einfach dumm." Und schon waren wir durch. Unglaublich.

Nur einmal, da habe ich ihn eingeholt. In Port Moresby war er wie gewohnt weit vor mir durch den Zoll geprescht. Dann hatte er sich einen Gepäckwagen geschnappt, seine Koffer drauf gewuchtet und schob nun in strammer Vorwärtsschräglage die Karre Richtung Ausgang. Dabei holte ich ihn ein. An seinem Gepäckwagen waren die Räder geklaut. Ernst schob den puren Rahmen.

„Es war nicht mein Tag ..."

... erzählte ein Kollege, der sich während einer Bahnfahrt auf eine Milka-Schokolade gesetzt hatte. Ich kenne solche Tage auch. Etliche. Bei einer Israelreise war es so: Zunächst blieb ich morgens im Aufzug stecken. Es war stockdunkel in der Kabine, und ich fand keine Schalter. Drei Minuten ist das lustig, dann lässt es nach ... Dann beim Frühstück: Ich hatte mich am Büfett bedient und nahm befriedigt Platz. Meine Tischnachbarn waren mir in den vergangenen Tagen aufgefallen als sehr ordentliche Menschen. Flecken auf der Kleidung waren Gegenstand ausgiebiger Erörterungen. Dann kam dies: Vor mir eine wunderschöne, volle Tasse Kaffee. Vor dem Trinken wollte ich noch mein Frühstücksei salzen. Der Salzstreuer war schwer und klobig. Klobiger als ich dachte. Als ich ihn über dem Ei schüttelte, flutschte er mir aus der Hand und landete kopfüber in der Kaffeetasse. Der Kaffee erschrak, flüchtete und außer mir wurden noch drei der Ordnungsliebenden erheblich besabbert. Der Kaffee hatte meine Tasse fast komplett verlassen. Aber es war noch nicht Abend. Zum Mittagessen waren wir in einem Gästehaus. Es war eng darin, und man musste sein Tablett an der Theke holen. Das Brett vor dem Kopf, bzw. das Tablett vor dem Gesicht steuerte ich einen Tisch in der Mitte des Lokals an. Er war voller Gläser, Karaffen und Krüge. Weiß der Geier warum. Aber als ich mein Tablett abstellte, ging das Glaszeugs plötzlich zu Boden. Eins nach dem andern ... ping, ping, ping. Es war furchtbar. Alle schauten her. Auch die Ordnungsliebenden. In ihren Augen stand, was ich selbst spürte: Heute war nicht mein Tag.

Ordnung

Meine Angehörigen würden das nicht zugeben, aber ich bin bei der Minderheit im Haus, die wenigstens ein bisschen Ordnung hält. Wenn man Tesafilm braucht, wer hat welchen? – Papa! Ebenso Klebstoff, Lineal und tausend Sachen mehr. Manche Sachen brauche ich aber auch für mich alleine. Zum Beispiel das Kabel von meinem elektrischen Rasierapparat. Eines Tages war es weg. *Auch* weg. Genauso wie Tesafilm, Klebstoff, Lineal usw. Brummig rasierte ich mich nass, setzte mich ins Auto und wollte zur Arbeit fahren. Unterwegs stellte ich fest: Die rechte Beifahrertür schließt nicht. Sie wackelt beim Fahren. Ich muss mal nachsehen, wenn ich wieder zu Hause bin. Zu Hause vergaß ich es aber. Am nächsten Tag wiederholte sich das Spiel. Zuerst vermisste ich das Kabel, dann dachte ich im Auto: Ich muss mal nach der Beifahrertür sehen, und daheim hatte ich es wieder vergessen. Das zog sich gut vierzehn Tage hin. Doch eines Tages war mein Auto anders geparkt. Ich lief von der Haustüre nicht auf die Fahrertüre zu, sondern auf die Beifahrertüre. Und dachte: „Was ist denn das? Da hängt was raus?“ Es war mein Kabel. Und seit diesem Tag schloss auch meine Beifahrertür wieder. Recherchen ergaben, dass der Fünfjährige das Kabel einst für „Computerschäden am Beifahrersitz“ brauchte.

Meine Gläser – Deine Gläser

Mein betrübter Blick fällt auf den Fußboden, die Diele; mein Auge schielt von weitem unters Sofa: Hundehaare, dicke Flocken von Staub. Die Population im Haus schlägt sich unterm Regal nieder! Als mustergültiger Gatte greife ich nach dem Hausbesen und fange an zu kehren. Kommentarlos, wohlgemerkt.

Meine Frau, schlachtenerprobt, die Gelassenheit in Person, steht unter dem Türrahmen und trinkt noch eben einen Kaffee. Dabei referiert sie. Thema heute: Unsere Kindererziehung im Rahmen der Globalisierung. Oder so ähnlich. Irgendwas Großes halt. Ich schiebe das erste Regal von der Wand und quetsche den Besen dahinter. Die Globalisierung hat sich ebenfalls hinter dem Regal niedergeschlagen … Noch ein Regal. Das Gläserregal: Ikea-Gläser und ein paar geschenkte, ein bisschen teurer. Nun ja, beim Verschieben dieses Regals sind dann ein paar Gläser runtergefallen. Kaputt, natürlich, schlechte Ware.

Meine Frau ist tief bewegt. Einzeln hebt sie die abgebrochenen Stiele auf und hält sie mir unter die Nase. Zu jedem dieser Objekte schien sie ein persönliches Verhältnis gehabt zu haben. Ich dagegen finde es praktisch, dass die Gläser gerade jetzt runtergefallen sind, wo ich sowieso am Zusammenkehren bin. Als ich schuldbewusst die Kehrschaufel wegtrage, höre ich nochmal Bärbels Stimme in der Küche. Leiser jetzt, mehr zu sich selbst: „Wo ich doch auch jede Nacht eines runterschmeiß', wenn ich nach dem Lichtschalter suche. Erst gestern sind mir gleich fünf runtergefallen ..."

Bärbel, Königin der Gläser

Verdorbene Fantasie

Ich hatte einen Abend-Vortrag im Monbachtal. Durch anschließende Gespräche und durchs Zusammenräumen verzögerte sich mein Aufbruch nach Hause. Als ich das Haus verlassen wollte, war es verschlossen. Um niemanden zu wecken, sprang ich aus dem Fenster des Erdgeschosses auf ein Gitter, das einen Kellerschacht abdeckte.

Das Gitter war dieser Belastung nicht gewachsen und

brach durch; ich fuhr samt schwerer Aktentasche in den Kellerschacht hinab. Durch den Aufprall erlitt ich Prellungen am Brustkorb und bekam kaum Luft. Mit großer Mühe zog ich mich wieder hinauf und erreichte mein Auto.

Zu Hause ging es gleich ins Bad: Schlafanzug an und ab ins Bett. Aber ich kriegte immer noch keine Luft. Langsam stieg die Panik. Habe ich doch etwas gebrochen? Also wieder raus aus dem Bett, Hose übern Schlafanzug und ab in die Krankenhaus-Ambulanz.

In Anwesenheit meiner Frau und etlicher Krankenschwestern kam es dort zu folgendem Gespräch mit dem Dienst habenden Arzt. Er tastete meine Rippen ab und fragte: „Was ist genau passiert? Also Sie sind im Schlafanzug bei Nacht in einem anderen Haus aus dem Fenster gesprungen?" – Grr ...

Elende Abnehmerei, elende

Papa macht die x-te Abnehmkur seines Lebens. Es muss sein. Eine neuerliche Familien-Hochzeit steht an, und die Knöpfe des einzigen Anzugs stehen den Knopflöchern gegenüber wie manchmal die Jünger ihrem Herrn: „Sie folgten ihm von ferne."

Die Tage bis zum Trautermin eilen, es ist höchste Zeit anzufangen, also: heute.

Nie ist der Mensch so willensstark wie in den ersten zwei Stunden einer Abnehmkur. Es klappt alles wie am Schnürchen: kübelweise Tee, Spaziergang statt Mittagessen, dann wieder Tee. Gegen Abend, als ich den Schlafanzug anziehe, habe ich den Eindruck, dieser Tag habe schon ganz ordentlich gewirkt.

Um sicher zu gehen, marschiere ich aber nochmal in die Küche und frage meine Frau: „Sieht man schon was?" Sie betrachtet mich, angestrengt nachdenkend, auf der Suche nach einem Wort, das wahrhaftig ist und ermutigend zugleich.

Dann steigt aus der Tiefe ihrer schwarzen Seele der Satz auf, welcher alle Anforderungen erfüllen sollte: „'s geht halt langsam!"

Es denkt …

Startschuss

Zum Glück meines Lebens gehört die Starzelhütte im Kleinwalsertal. Vor tausend Jahren, als Student noch, konnte ich diesen ehemaligen Kuhstall pachten. Und dann hat sich eine wunderbare Truppe drum herum gebildet, die in über 30 Jah-

Starzel-Hütte, Kleinwalsertal

ren seither diesen Stall zu einem schlichten, aber herrlich gemütlichen Freizeithaus aufgemotzt hat. Was zu den Extras dieser Hütte gehört: Zweimal im Jahr müssen die Freunde Holz herbeischaffen – zu Fuß, versteht sich. Von Hand, versteht sich. Im Rucksack, ist klar. Wir tun es so, weil es anders gar nicht geht. Eines Tages fanden wir einen umgestürzten Baum, dessen Stamm ein vorzüglicher Brunnen vor dem Haus zu werden versprach. Nachteil war nur: Man muss den Baumstamm unzersägt zur Hütte schaffen. Viele Meter weit. Zu Fuß, versteht sich. Per Hand, versteht sich. Ohne Rucksack, ist klar.

Wir beschließen die alte Wikinger-Methode. Zehn Männer stehen breitbeinig über dem Stamm. Jeder umfasst mit einem Strick das Holz, und auf Kommando wollen wir gemeinsam den Stamm hoch heben und einen Meter weiter wuchten. Also los, volle Anspannung: Jeder steht gebückt über seinem Seil. Der Frontmann gibt das Kommando: „Eei-inns, zweeii, dr..."

– Weiter kommt er aber nicht. Denn kurz vor „drei" lagen seine neun Hintermänner flach auf dem Baumstamm und brüllten vor Lachen.

Der Frontmann war nämlich so voller Anspannung, dass ihm schon bei „dr ..." eine gewaltige „Luft" entwichen ist. – Ein echter Startschuss!

Alles im Griff – wenn es gut läuft

Nachdem auch seine vierte Ehe gescheitert war, schreibt der „Schwarzwälder Bote" am 08.07.03 über Joschka Fischer, den Bundesaußenminister: „Er ist das Topmodel der deutschen Politik. Zu seinen vier Tugenden erklärt er: Entschlossenheit, Durchhaltevermögen, Realismus, Geduld. Klingt, als habe der Mann sein Leben im Griff. – Wenn es gut läuft."

So funktioniert es bei uns Christen mitunter auch: Alles gut, „so lange alles gut läuft". Aber wehe, „wenn es kommt, dass ich (Gott) Wetterwolken über die Erde führe" (1. Mose 9,14). Ich selbst bin kein Freund von Leiden und schweren Lebensführungen. Ich kann gerne darauf pfeifen, und was sich bisher eingestellt hat, damit komme ich gut aus bis zum Ende meiner Tage. Denke ich. – Nur das möchte ich auch zugeben: Was beim Wein das „schwere Bouquet" bringt, das sind bei der Lebensreife eben doch die herben Stunden.

Wenn man an sich selbst nur noch verzagt, wenn auch Gott verdunkelt ist und man ihn nicht mehr versteht, wenn sein Wort wie ein „Trugbach“ ist (Jer. 15,18) ein Bach, der immer dann leer ist, wenn man schöpfen will ...

Ich war fast 20 Jahre lang schmerzvoll erkrankt. Die Hoffnung auf einen freundlichen Akt der Hilfe Gottes habe ich in dieser Zeit selten verloren, wenngleich es mir je länger desto mehr unbegreiflich war, warum mir mein Leben und Arbeiten durch die Schmerzen so schwer wurden. Schließlich waren zwei große Operationen unaufschiebbar. Die Termine wurden festgelegt. Und da flackerte doch noch einmal Hoffnung auf, dass es ohne diese Eingriffe gehen könnte: Unbekannte Menschen aus dem Land schrieben mir von der Hilfe Gottes, die bevorstünde. Geschwister beteten für mich nach Jakobus 5. Täglich fragte jemand: „Und? Wirkt's?“ Noch unmittelbar vor der Tür zum OP habe ich meinem Gott ein vertrauendes Ja hingehalten, verbunden mit dem Zusatz: „Aber jetzt pressiert's!“ Dann wirkte die Narkose.

Nach dem Aufwachen fühlte ich mich wie ein Kind, das seinen Vater immer gut erfahren hat, der ihm nun aber, ohne Erklärung und ohne sichtbaren Grund, hart ins Gesicht geschlagen hat. Die Enttäuschung an diesem liebenden Vater war abgrundtief. Ich habe lange fast nur noch geweint. Und die wenigen Gebete, die ich jetzt noch sprechen wollte und konnte, hatten alle zum Inhalt: „Wenn Du mir schon das alles zugemutet hast, dann sage mir wenigstens einen Grund!“ Aber er nannte mir keinen. Darum wollte ich, je länger ich wartete, von diesem Gott auch nichts mehr sagen.

Man soll, denke ich, einem Menschen in einer derartigen Situation nicht mit christlichen Besserwissereien kommen. Man soll anderen nicht so leicht deren Leid erklären. Ein Segen ist, wer jetzt ein Wort hat, nicht Wörter.

In einem Traum fand ich eine erste Erleichterung. Ich träumte von „Habakuk“ und blätterte darin nach dem Aufwachen. Dort fand ich meine Lage: enttäuschte Liebe zu Gott. Wie er und Jeremia es erlebt haben: Auf Gott vertraut, von Gott reingerissen, wie ein Mädchen betört, verführt, vergewaltigt, sitzen gelassen (vgl. Jer. 15 und 20; 2. Mose 22,16; 5. Mose 22,25; 2. Sam. 13,11), enttäuschte Liebe.

Da fühlte ich mich verstanden. Aber beim Weiterlesen fand ich noch etwas: Habakuk endet mit einem Lied – „vorzusingen beim Saitenspiel“. Ob Gott so auch zu mir sein wird: Er macht aus Leid ein Lied?

Und dann war er so.

Ganz leise – ich habe den Übergang gar nicht bemerkt – ist das Staunen wieder gekommen. Das Staunen über einen guten Vater. Und es ist bis heute da geblieben.

Fragte man mich nach dem Zustand der Seele, den ich mir am innigsten wünschen würde, ... so würde ich ohne Zögern antworten: das Erstaunen. ... Im Erstaunen stehen, das hieße so viel wie: Darauf bedacht sein, die verborgene Herrlichkeit des Geringen zu finden, dem in die Muschel versenkten Lied nahe zu kommen. Und hieße zugleich: gelassen auch die Dissonanz der Dinge ertragen, ohne allzu eilig nach Harmonisierung zu trachten. ... Dabei meinen wir aber, es müsse einer nicht wenige Stücke Weges im Dunkel zurück gelegt haben, um das Geschenk der immer neuen Möglichkeiten des Lebens in Wahrheit rühmen zu können.

Albrecht Goes

Bewahrung

Der große Tag ist gekommen. Das Studium ist weitgehend abgeschlossen. Es geht in die Prüfungen. Heute: Schriftliche Klausur zum 1. Theologischen Examen in Tübingen. Mit jenem flauen Gefühl im Bauch, das ich von ungezählten Klassenarbeiten her kenne, steige ich ins Auto und will zur Uni fahren. Da durchzuckt mich noch mal ein Gedanke: „Lies doch noch mal im Buch xy auf Seite sowieso, was dort steht." Soll ich? Ich bin zeitlich knapp dran und kann mir nicht leisten, zu spät zum Examen zu kommen.

Aber der innere Impuls ist stärker. Ich spurte noch mal die Treppen hinauf, finde und lese den Abschnitt ... und habe eine Stunde später in der Klausur alles parat, was das Herz begehrt.

Es ging um besagtes Buch mit den Seiten sowieso.

Erste Missionsreise

Beginn in Liebenzell. Es wurde Zeit, einen Teil der ausländischen Arbeitsgebiete kennen zu lernen. Ernst Vatter, der langjährige Chef-Stratege der Liebenzeller Mission, nahm mich mit in die Weiten der Südsee. Welch eine Welt: Ich probierte erstmals rohen Fisch in Japan, Fledermäuse auf Manus, Süßkartoffeln auf Yap und Tol. Als nächstes stand Palau auf dem Programm.

Bei einem Nachtflug nähern wir uns der kleinen Landebahn mitten im Pazifik. Über der Insel tobt ein schweres Unwetter. Das Flugzeug wird heftig hin und her geworfen. Es gibt Aufzugsgefühle im Magen, und die Reste der oben erwähnten Delikatessen machen sich alle gleichzeitig bemerkbar. Blitze zucken im Sekundenabstand, und der Pilot versucht, spürbar angestrengt, nach unten zu kommen. Die Wasseroberfläche des Pazifiks ist aufgewühlt, das Fahrwerk ist ausgefahren – da plötzlich startet der Pilot durch und steigt wieder auf. Wir Fluggäste erhalten eine kurze Begründung über Bordlautsprecher: Der Wind sei zu stark, die Flugzeugführer können die Maschine nicht auf die Landebahn zwingen. Erneuter Versuch: Diesmal fliegen wir knapp über der Wasserfläche heran. Aus dem Fenster kann man die Wellen fast greifen, und das Wort eines Einheimischen vom Vortag fällt mir ein, er sagte: „Here we have myriads of sharks." (Es gib hier Myriaden von Haifischen). Und wieder: Der Pilot muss durchstarten, muss die Maschine erneut hochreißen, weil er vom Wind neben die Landebahn gedrückt wird. Mit auffällig beruhigender Stimme meldet er sich nochmals und teilt uns Passagieren mit: „Nun unternehmen wir noch einen dritten und letzten Versuch. Wenn es dann wieder nicht klappt, fliegen wir weiter zu einer anderen Insel und landen dort." Andere Insel hieß: Etwa 600 Kilometer weiter.

Dann kam der dritte Anflug, wieder flach über dem Wasser, hoffend, dass uns nicht eine Windböe dort hineindrückt. Mittlerweile haben wohl alle im Flugzeug gebetet. Und diesmal ging es gut. Wir erwischten die Landebahn und kamen zum Stehen.

Von einer Gruppe Einheimischer wurden wir mit Blumenkränzen und Liedern empfangen. Sie schienen sich echt zu freuen, dass wir zu ihnen kamen, und schauten uns mit großen und teilweise tränenfeuchten Augen an. Bis einer von ihnen ihre Ergriffenheit enthüllte: „Wir waren alle auf dem Tower und haben die Landeversuche gesehen. Der Pilot eurer Maschine hätte gar nicht zur nächsten Insel weiterfliegen können. Er hatte dem Tower gemeldet: „Beim dritten Mal muss ich runter. Ich habe keinen Treibstoff mehr."

Das können nur Frauen

Es gibt Sachen, da kommen wir Männer nicht mit. Wenn Männer Kinder kriegen müssten – ich fürchte, das würde die männliche Rasse nicht überleben. So tapfer sind wir einfach nicht. So leidensfähig. Wenn ich bedenke, welche Überlegungen ich jeweils anstellte, die Geburt eines unserer Kinder auch nur als Begleitperson zu überstehen: „Anhalten, Warndreieck rausstellen, Nabelschnur …" Bei jeder anstehenden Geburt hatte ich die klare Vorstellung: Auf dem Weg ins Krankenhaus, da ist es soweit. Im Wald. Bei Nacht. Im Regen … Ganz anders meine Frau. Sie hat bei keiner einzigen Geburt nach dem Warndreieck gerufen. Nie hat sie verlangt: „Rechts ran." Unglaublich. Sie hat einfach das Kind im Krankenhaus zur Welt gebracht – fertig.

Oder wenn ich ans Aufstehen bei Nacht denke, wenn der Säugling gebrüllt hat. Der Säugling hat oft gebrüllt. Jeder Säugling. Sobald wir im Bett waren, haben alle Säuglinge gebrüllt. Jahrelang. Ich habe mindestens zehn Jahre nächtlichen Brüllens im Gedächtnis. Ich war so darauf geeicht, dass ich es schon brüllen hörte, bevor es gebrüllt hat. Natürlich bin ich dann aufgestanden. Ich wollte jenem preisgekrönten Satz im Radio nacheifern, welcher hieß: „Schatz, bleib liegen, ich mach das." Ich hatte nur ein kleines Problem: Ich war immer so müde dabei. Deshalb ist Bärbel viel öfter aufgestanden als ich. So habe ich überlebt, sonst wär's aus gewesen mit mir.

Oder noch so ein Beweis, dass manche Sachen nur Frauen können:

Auf einem Flug nach Jordanien kam unser Flugzeug in Turbulenzen. Viele Lebensmittel, die in Echterdingen aufgenommen wurden, verließen ihre Besitzer wieder. Andere, die das einmal Gegessene gerne behalten hätten, wurden durch das Geschehen auf dem Nachbarsitz mitgerissen. Die normalen Tüten für solche Fälle waren längst vergriffen oder überfordert. Deshalb rissen die Stewardessen Plastikmüllsäcke von der großen Rolle herunter und warfen sie in die feiernde Menge. Schließlich war das Schlimmste vorbei und die Müllsäcke gefüllt. 200 bleiche Gestalten hockten auf ihren Sitzen und wischten ihre Hemden ab. Nur eine Frau nicht. Sie kniete in der Nähe der Bordküche vor 20 blauen Müllsäcken und durchsuchte sie von Hand (!) – nach dem Gebiss ihres Mannes.

Auch das kann nur eine Frau. Ich dagegen verlange noch heute nach einem Plastiksack, wenn ich diese Geschichte auch nur erzähle.

Versprecher

Eine junge Dame macht mit bei einem Auftritt in der Kirche. Sie ist nervös wie alle. Ein wichtiger Satz, den sie sagen muss, beginnt mit den Worten: „Da antwortete er“. Als sie an der Reihe ist, geht der Übereifer mit ihr durch. Sie sagt: „Da antwortetete er …“ In diesem Moment bemerkt sie, dass irgendetwas an ihrer Rede nicht stimmt. Sie stockt, überlegt eine Schrecksekunde lang, korrigiert dann die Sache und schmettert ein weiteres kräftiges: „te“: „Antwortetete –te.“

Im SWR tritt eine neue Radiosprecherin ihren Dienst an. Aufgeregt geht sie im Flur auf und ab und übt ihren Text. Sie hat alle Betonungen mit Gelbstift markiert, alle Verbindungen mit Häkchen bezeichnet ...

Ein erfahrener Kollege spricht sie an und lässt sich erzählen, welche Ansage sie demnächst machen muss.

Sie sagt: „Ich habe eine Musiksendung zu moderieren und muss den Text sagen: ‚Meine Damen und Herren, Sie hören nun die Nussknackersuite von Peter Tschaikowsky.'"

„Oh", sagt der erfahrene Radiomann, „das ist kein leichter Satz. Ich habe mal einen Ansager gehört, der hat ‚Nusskackersuite' gesagt." – Die junge Frau wird noch aufgeregter, macht neue Zeichen und Pfeile in ihr Textblatt – und dann ist sie dran.

Sie setzt sich ans Mikrofon, holt noch mal Luft und spricht: „Meine Damen und Herren, Sie hören jetzt die Nussknackersuite ..." – im Gefühl des sicheren Sieges macht sie ein triumphierendes V-Zeichen zu den Kollegen hinter der Glas-Scheibe – „... von Peter Tschaiskowsky."

Was trägt

Christliche Theologie hat, wie sich das gehört nach 2000 Jahren, eine Menge Inhalte entfaltet. Theologische Fakultäten, Bibelschulen und christliche Verlage wissen das und leben davon. Man muss als Christ aber nicht alles kennen, was es gibt. Wichtiger ist es, das zu finden, was der Kern ist und was das Leben trägt. Für mich ist es vor allem wichtig, dass sich jenes Eine in meinem Denken und Fühlen einwohnt, was im Neuen Testament mit „euangélion" (Evangelium) bezeichnet wird. Nur das unterscheidet den christlichen Glauben von den Religionen und Gott von den Göttern. Nur das hat die Kraft, mich zu meiner wahren Identität zu führen: ein geliebtes Kind Gottes zu sein.

Darum spreche ich so gerne Ludwig Hofacker nach:

Nimm, was dir gehört. Sein (Christi) Gehorsam macht gut deinen Ungehorsam. Seine Liebe macht gut meine Lieblosigkeit. Seine Geduld macht gut meine Ungeduld. Seine Arbeitstreue meine Untreue und meine Faulheit. ... Welch ein Trost fließt ins bekümmerte Herz, wenn es glauben darf: Mein Gott ist größer als ich. Er hat mich lieber, als ich mich selbst habe. Ich bin von ihm mehr gehalten als ich mich selbst halten kann. Wenn ich mich auch selbst aufgeben wollte, so will er doch mich nicht aufgeben. Er kann es nämlich nicht vergessen, was ich ihn gekostet habe, wie teuer ich erkauft bin. ... Nur Christus ist es, der uns durchbringt, liebe Leute. Sein Leben muss es tun, nicht mein Leben. Seine Liebe, nicht meine Liebe. Sein Gebet tut's, nicht mein Gebet.

Nouwen, Kinder sind Gaben

Eltern sind für ihre Kinder wie ein guter Gastgeber für einen Fremden. Wir meinen oft, sie seien uns sehr ähnlich, und dann überraschen sie uns mit ihrem doch ganz eigenen Leben: Sie sind nachlässig, zerstreut, inkonsequent, faul ... Sind das wirklich unsere eigenen Kinder?

Es ist wichtig, dies zu wissen: Wir brauchen uns weder für ihre Unzulänglichkeiten zu schämen, noch dürfen wir ihre Erfolge für uns beanspruchen. Kinder sind Gaben Gottes. Sie wurden uns geschenkt, damit wir ihnen eine sichere Stätte bie-

ten und Liebe entgegenbringen, um in eine innere und äußere Freiheit hineinzuwachsen. Kinder sind wie Fremde, die um Gastfreundschaft bitten, gute Freunde werden und uns dann wieder verlassen, um ihre Reise fortzusetzen. … Die Gabe, die wir empfangen haben, müssen wir zurückgeben.

Verlässt uns unser Kind, um zu studieren, eine Arbeit aufzunehmen, um zu heiraten, sich einer anderen Gemeinschaft anzuschließen, … so geben Freude und Schmerz einander die Hand. Aber die Kinder gehören nicht uns. Wir können sie auch nicht bewahren. Aber sie gehören Gott. *Einer der größten Akte des Vertrauens auf Gott besteht darin, unsere Kinder eigene Entscheidungen treffen und sie eigene Wege finden zu lassen.*

Der Schmerz der Liebe

Ein guter Freund von mit hatte die Absicht, seinen Sohn nach erfolgreichem Besuch der High School zum Studium auf ein College zu schicken. Er hatte ihm geholfen, eine Vorstellung von den in Frage kommenden Colleges zu gewinnen, und sah seiner Entscheidung gespannt entgegen. Doch bald nach der Abschlußfeier kam der Sohn in einem alten roten Cabrio vorgefahren, neben ihm ein etwas schludrig aussehendes Mädchen. Kurzerhand offenbarte er seinem Vater, daß er mit seiner Freundin in den Westen fahren wolle. Sie hätten vor, unterwegs im Auto zu übernachten und sich das nötige Geld mit Gelegenheitsarbeiten zu verdienen. Mein Freund war schockiert und dachte nur noch an Drogen, Sex und allen möglichen Leichtsinn; er fürchtete sogar um das Leben seines Sohnes. … Es war eine schreckliche Situation und die Furcht meines Freundes keineswegs nur Einbildung. Gleichwohl war die entscheidende Frage nicht: „Wie ist diesem widerspenstigen jungen Mann zu helfen?“, sondern: „Wie kann der Vater davor bewahrt werden, von seinem Sohn zugrunde gerichtet zu werden?“

Ich beschwor den Vater: „Was immer deinem Sohn passieren mag, du darfst es ihm nicht erlauben, dir deinen Schlaf, deinen Appetit und deine Freude zu nehmen. Du mußt deine eigenen Talente und Gaben als Mann nutzen und mehr denn je dein eigenes Leben gestalten.“ –

Es fiel mir nicht leicht, dies meinem Freund zu sagen, denn ich teilte seine Sorge. So schmerzlich es aber auch war, daß sein Sohn ihn verließ, er mußte ihn gehen lassen, nicht nur körperlich, sondern auch emotional. Denn dann würde der Sohn, sollte er einmal zurückkehren, einen gesunden Vater zu Hause antreffen.

Henri J. M. Nouwen

Erziehung

Das Thema „Familie“ ist für uns ein Lebenskapitel. Auch wenn ich selbst, beruflich bedingt, viel abwesend war und bin – die innere Rückbindung an meine Frau und unsere Kinder ist doch etwas Dominierendes. Ich sehe es zu jeder Zeit daran: Hier bin ich am stärksten zu berühren, hier erfahre ich die tiefsten Verunsicherungen; hier ist der Ort des größten Erstaunens; hier erlebe ich die größten Ängste, spreche die heißesten Bitten und erfahre die schmerzlichsten Entbehrungen.

Ich habe mich nie für einen Erziehungs- oder Eheexperten gehalten. In bisher 32 Ehejahren haben meine Frau und ich nur ein einziges Mal die Einladung angenommen, vor anderen Menschen über unsere Erfahrungen zu referieren. Und wenn ich selbst mal einen Vortrag dazu halte, dann trägt er einen Titel wie „Vater, Christ und nicht verzweifelt" und hat vor allem ein Anliegen, nämlich anwesende Eltern zu trösten und ihnen mitzuteilen: „Ich weiß ziemlich wenig, wie Ehe und Erziehung wirklich geht."

Der Hauptgrund ist wahrscheinlich, dass meine Frau und ich dem Geheimnis – und genau das ist es für uns – einer gelingenden Familie keine Schablone angelegt haben. So ist uns immerhin das Staunen geblieben, wieso bei aller unserer Unkenntnis wir Eheleute uns immer noch lieben, eher mehr denn weniger. Oder warum unsere Kinder solch eine starke Beziehung zueinander haben und aneinander hängen? Außer dem Gebet, das ich schon Jahrzehnte bete: „Herr, erhalte mir die Achtung und die Bewunderung für meine Frau" und der Tatsache, dass meine Frau ein Engel vom Himmel ist (der dies nur nicht zugeben darf), weiß ich fast nichts.

Wie Erziehung gelingt? Ob und wodurch die unsere gelingt? Ich vermute, dass die Anschauung einer liebenden Beziehung der Eltern zueinander eine der stärksten Kräfte im Innenleben eines Kindes ist. Und der zugesprochene Segen jeden Morgen beim Verlassen des Hauses tut Weiteres. Erziehungsprinzipien? Außer dem Rat „Wir lügen nicht! Lieber Nachteile einstecken, aber nicht lügen" haben wir wenig Direktiven gegeben. Ich weiß allerdings auch nicht, ob wir nicht manches versäumt und unterlassen haben. Wenn ich andere Eltern höre und den Stand ihrer strebsamen, fleißigen und ordnungsliebenden Kinder, da wird mir ganz anders.

Ich meine, unsere Kinder würden anderes entwickeln: Sie haben eine Lebenskraft eigen, die ihnen das Stehen ermöglicht. Sie haben, soweit man das bis heute sagen kann, Zuversicht nach vorne und Kraft für ihren eigenen Weg. Sie sind beziehungsfähig auf dem Boden einer inneren Eigenständigkeit. Sie haben keine Angst, eine andere Richtung als die ihrer Eltern einzuschlagen, und sie sprechen doch so gut von zu Hause. Sie gehen mutig ins Leben und scheinen ein Gespür dafür zu entwickeln, was trägt. Und wenn ich als Vater darüber nachdenke, was ich einem unserer Kinder „mitgeben" möchte fürs Weitergehen, dann sage ich vorsichtig nur dies: „Behalte das Leben lieb!" Da ist der Himmel mitgemeint, das wissen sie.

Bennie und Doro

Unkonventionell

Ich bin froh, dass wir auch als Familie in den Jahren immer wieder die innere Kraft hatten, einen eigenen Weg zu suchen und zu gehen. Also nicht das zu tun, was „man" tut, was „man" sagt usw. Das haben wir in der Kleidung so gehalten, in Ordnungsdingen, auch in der Kindererziehung. Z. B. fügten wir uns einfach nicht ein in die Standards anderer junger Eltern: „Mit 18-20 Monaten muss ein Kleinkind sauber sein" oder „Kinder müssen früh im eigenen Bett schlafen" usw. Wir hielten es anders. Nach unserer Vorstellung sollte ein Kind sich die körperliche Nähe seiner Eltern nehmen dürfen, so lange es diese sucht und braucht. Da wir durch unsere Kinderzahl leicht in die Gefahr einer gewissen Überbevölkerung im Bett kommen konnten, änderten wir die Lage: Wir zimmerten ein Großbett, drei auf zwei Meter, als Lattenrost knapp über dem Boden liegend. Hier hatten alle Platz. Außerdem hatte diese „Lage" den Vorzug, dass die Kids darauf turnen konnten und bei den Hechtsprüngen vom Fensterbrett oder vom Schrank auch keine Federungen kaputt gingen. Und noch ein Vorteil: Einige Male legten wir das Schlafzimmer an Weihnachten mit viel Stroh aus – kniehoch. Wir verwandelten den Raum in den Stall von Bethlehem. Da bildete der aufgestellte Lattenrost des Bettes eine attraktive Kulisse.

Übrigens sind die Kinder dann alle doch sauber geworden, und sie haben alle irgendwann im eigenen Bett geschlafen. Unter dem Strich aber empfinden wir alle: Wir haben es – für uns – ganz richtig gemacht.

Da wird noch was draus!

Da steht er, ein höflicher junger Mann. Gut anzuschauen mit seinem frischen Wesen. Gebildet und höflich. Zuvorkommend, mit einer gesunden Lebenseinstellung und mit einem guten Einfluss auf seine Umgebung. Man mag ihn einfach, und es fällt niemandem schwer, das auch in seiner Abwesenheit von ihm zu sagen. Ein Klasse-Junge mit seinen 19 Jahren. Es muss ein besonderes Glück sein, solch ein Kind groß gezogen zu haben. Hier haben sicher treffliche Erziehungsprinzipien gewirkt. Und günstige Umstände. Ein Glücksfall. Ein Sonnenkind von Kindesbeinen an?

Na ja, als die Kindesbeine etwa fünf Jahre alt waren, hat der Glücksfall in unseren Wäschetrockner gepinkelt und Nachbars frisch gestrichene Garagenwand mit geklauten Hühnereiern beworfen ...

Familien-Schmus

Wir halten nichts vom Kommandieren und Befehlen. Aber eine Zeit lang hatten wir so etwas wie ein Zauberwort, dem alle folgen sollten. Wenn irgendeiner aus der Familie das Wort „Familien-Schmus“ ausrief, war es Verpflichtung für alle im Haus befindlichen Angehörigen, sich dort einzufinden, wo der Ruf herkam. Und zwar sofort und in höchster Eile. Dann gab es eine Haufenbildung, ein gegenseitiges Drücken bis zum Umfallen, tausend Küsse kreuz und quer – und ich bin Zeuge: Keine schlechte Laune der Welt hält einem „Familien-Schmus“ stand.

Seither denke ich: Wie leicht könnte man die Laune verbessern bei ernsten Sitzungen, bei feierlichen Tagungen oder im Bundestag ...

Predigen und Reden

Lob

Lob ist etwas Schönes. Sowohl wenn man es selber bekommt, als auch wenn man es gibt. Sage einem Menschen, dass er seine Sache gut gemacht hat, und seine Zuneigung zu dir wächst. Sage jemandem im Ton der Bewunderung: „Haben Sie abgenommen?" – und du hast einen halben Freund mehr.

Als Pfarrer kriegt man ab und zu – also selten, eigentlich – auch ein Lob. Hintenherum manchmal. Zum Beispiel in dieser Art:

- „Predigen kann er nicht – aber er hat alles gegeben."
- Neulich am Telefon: „Sie sind der einzige Pfarrer, von dem ich eine Predigt behalten konnte. Ich habe Sie 1984 gehört. Worüber Sie gesprochen haben, weiß ich nicht mehr, aber ..."
- Der Kollege verabschiedet unter der Kirchentür die Gottesdienstbesucher. Eine ältere Dame strahlt ihn an. Gut gelaunt fragt er sie: „Hat es Ihnen gefallen im Gottesdienst?" – „Toll war's!" – „Was hat Ihnen denn so gut gefallen?" – „Ihre schöne Zääh." (Ihre schönen Zähne)
- Ein alter Pfarrer saß im Gottesdienst eines jungen Vikars. Dieser trat keck auf und ließ ahnen, dass er sich als der Beginn einer neuen Epoche der Kirchengeschichte sah. Gleichwohl bemühte er sich, noch kleinere Verbesserungsvorschläge anzuregen, rein theoretischer Natur, na-

türlich. Der Kollege „in Ruhe" sagt es ihm dann unter der Kirchentür so: „Nach Ihrem zweiten Gliederungspunkt lichtete sich der Nebel ... und wurde durch dichtes Schneetreiben abgelöst."

- Wie sagt man einem Pfarrer, dass er keine Redegabe hat? Ein verzweifelter Oberkirchenrat hat es mit folgendem Wunsch versucht: „Ich hoffe, Sie bekommen in einem späteren Leben eine zweite Chance."

Anziehend

Was macht einen Menschen anziehend? Ich habe mir diese Frage oft gestellt und mich mindestens ebenso oft gewundert. Ich dachte an öffentliche Personen, denen nach meinem Eindruck eine gewisse Unwahrhaftigkeit durch alle Poren duftete – aber sie kamen dennoch gut an. Ich habe auch Prediger erlebt, deren Aussagekraft – auch nach mehrmaligem Hören – außerordentlich gering war – und dennoch sagten Leute, die Ansprache sei sehr gut gewesen. Möglicherweise gilt das ja auch für mich selber, dachte ich.

Was ist es also, was andere an mir anzieht?

Ich habe mich z. B. oft gewundert, weshalb ich Bettler und Hilfsbedürftige so anziehe. Wenn ich an einem Bahngleis stehe, umgeben von vielen Menschen – und ein Obdachloser geht suchenden Blickes umher und überlegt, welchen er nach einem Euro fragen könne – er landet wie ferngesteuert bei mir. Oder ein Auskunft suchender Ausländer, ein erregter Mensch oder ein Trauernder. Sie landen bei mir. Woran liegt das?

Von wenigen Ausnahmen abgesehen, bedaure ich das Ganze nicht, im Gegenteil: Es ist ja etwas, wenn Menschen sich an einen herantrauen mit ihren Fehlern, ihren Defiziten und mit ihrer Angst.

Aus diesem Wunsch formt sich für mich sogar eine Vorstellung für den Lebensabend: Ich möchte gerne eine Sitzbank haben vor dem Haus. Breit genug für vier Personen. Da möchte ich gerne sein und anderen Menschen durch meine Haltung ein Dazusitzen leicht machen. Sie werden nichts Großartiges finden. Ein Glas Wein, vielleicht. Einen Menschen, der zuhören mag. Und einen Segen zum Mitnehmen. Aber das ist doch etwas!

Maniriert

Meine erste Visitation als Pfarrer: Neben den vielen Fragen, die ein Gemeindepfarrer für seinen Situationsbericht abarbeiten muss, muss er auch eine Predigt einreichen. Eine Predigt, die so, wie sie vorliegt, gehalten wurde. Diese wird dann vom zuständigen Oberkirchenrat begutachtet und gewertet. So geschah es. Einige Zeit später bekam ich den Bescheid meiner Kirchenleitung, dass man meine Predigt für reichlich „maniriert“ halte und dass ich dies ändern solle.

Ich wusste gar nicht was „maniriert“ heißt, ahnte aber, dass es etwas Schlechtes sein musste.

Ein Jahr später gab es im Kirchenbezirk hohen Besuch. Der Leiter des Prediger-Seminars hatte Ansprachen sämtlicher Pfarrer angefordert und untersucht. Bei einer Tagung in Beuggen am Rhein gab es dann eine öffentliche Aussprache darüber. Predigt für Predigt wurde vom Oberschiedsrichter beurteilt, vorgestellt – ohne Namen. Ich rechnete mit nichts

Gutem. Denn ich hatte – schon ein wenig aus Trotz – meine „manirierte“ Predigt eingereicht, unverändert. Nun kam sie dran, als Letzte ... und wurde hoch gelobt. Alles darin – der Aufbau, der Rhythmus, die Aussage – schien dem hohen Fachmann vorbildlich zu sein, und so rühmte er den (ihm unbekannten) Verfasser aufs Äußerste.

Da habe ich ganz still doch Hoffnung geschöpft, dass aus mir doch noch was wird.

Nicht zum Lachen

Zum Missionsfest in Bad Liebenzell habe ich einen bedeutenden Prediger eingeladen. Ein Mann, der mit allen frommen Wassern gewaschen ist. Ein Mensch, der über sich selbst lachen konnte, wie er zeitweise betonte. Als er in Bad Liebenzell eintraf, gratulierte ich ihm gleich zu seinem Geburtstag vom Vortag. In kernigem Schwäbisch: „Du wirsch bestimmt amol hondert. Du siehsch heut scho aus wie neunundneunzig.“ Darüber konnte er aber gar nicht lachen.

Prominenz

Das Fest war wunderschön. Ein Gustav-Adolf-Fest im Burgenland. Noch vor der Wende. Der Eiserne Vorhang hatte allerdings schon Löcher, und so strömten auch aus Ungarn Hunderte von Menschen herzu, viele Ältere, viele Bauersfrauen mit Kopftüchern, ein ganzer Sportplatz voll, dicht an dicht. Es war ein Glaubensfest, ausgerichtet von einem mutigen Pfarrer vor Ort. Die Rednerbühne war ein alter Leiterwagen. Die Bodenplanken schwangen auf und ab, wenn ich während der Predigt meine Hände bewegte, und der Predigttext war Römer 1,16: „Ich schäme mich des Evangeliums von Jesus Christus nicht."

In diesem Milieu, auf dem Hintergrund eines zerbrechenden Ostblocks, wurde das Wort Evangelium ganz neu gesucht und gehört. Allerdings nicht von allen. Vor mir in der ersten Sitzreihe auf dem Sportplatz saß ein Mann mit einem ausgesprochen finsteren Gesicht. Er schaute mich während der Predigt derart uninteressiert und abweisend an, dass mir dies von Minute zu Minute mehr auf den Senkel ging. Schließlich hatte ich genug und sprach ihn an. Ich war inhaltlich gerade dabei, zu schildern wie Gott uns sieht. Und nun fragte ich den Grimmigen direkt: „Darf ich Ihnen das einmal persönlich sagen? Ich weiß nicht, wie Sie heißen, aber ich nenne Sie mal ‚Jürgen'." Keine Reaktion. Gesicht blieb finster. Da sagte ich es ihm so: „Gott sagt: Da ist Jürgen. Schön, dass du heute da bist, Jürgen. Ich kenne dich seit Ewigkeiten. Ich habe dich mit meinen eigenen Händen gemacht. Ich habe dich gewollt und geformt, und ich habe beschlossen: Einmal im Laufe der Menschheitsgeschichte sollen die Menschen im Burgenland meinen Jürgen haben. Du, Jürgen, bist einmalig. Du bist wunderschönes Original. Darum bist du auch unbezahlbar wertvoll. Du bist unersetzbar, unaustauschbar, unverwechselbar, einzigartig. Und wenn dich mal jemand kaputt macht, den werde ich fragen im Gericht: Was hast du mit meinem Jürgen gemacht? Denn Jürgen – das ist mein Ebenbild."

Es war totenstill auf dem Sportplatz. Und „Jürgen" ließ mich nicht mehr aus den Augen.

Erst nach der Veranstaltung habe ich erfahren: Das war der Landeshauptmann, der Ministerpräsident des Landes.

Das Kreuz

Jeden Morgen beim Jogging kam ich an einem Kruzifix vorbei. In einer katholischen Landschaft war das nichts Ungewöhnliches – und wurde es für mich doch. Nie zuvor hatte ich gesehen, was das Wetter mit solch einem Corpus macht. Er tropfte im Regenschauer, er war mit Schnee und Eis verklebt, der Sturm rüttelte an ihm ... Das Bild einer Kreuzigung ist an sich schon schlimm – es ist ja eine Hinrichtungsszene –, aber wie dieser Jesus da hing im Frost, bei Nacht und allezeit – das ging mir unter die Haut. Und ich empfand: Das macht der für mich. Das hält er aus für mich. Das steht er durch um meinetwillen. Und an manchen Tagen hatte ich den Eindruck: Heute hängt er besonders schwer an den Nägeln.

Er ist „für uns zur Sünde gemacht", sagt das Neue Testament. Wo sonst überall nur gilt „selber schuld", wo jeder nur auf seine Schuld festgelegt wird, da hat er gesagt: „Ich zahle dafür mit meinem Leben." Das hat nie ein anderer für mich getan.

Soll ich mich dessen schämen? Ich denke ja nicht daran. Er ist der Wetterfeste. Er steht mich durch. Auch mit meinen erst noch kommenden Sünden. Das ist etwas. Das möchte ich nie mehr missen.

Blickfang

Plötzlich knickte ich gesundheitlich ein. Ende 1995, kurz vor einer Chinareise. In einer Sitzung der Missionsleitung hatte ich Atemnot, Herzdruck, mir war sterbenselend ... Notarzt, Krankenhaus, Intensivstation, Herzinfarkt?

Nach einigen Tagen war ich zuversichtlicher und wollte nach Hause. Am selben Tag kam ein Rückschlag. Wieder mit dem Krankenwagen in die Klinik, und jetzt war's noch schlimmer. Auf der Intensivstation hatte ich den Eindruck, jetzt geht es zu Ende, das Sterben kommt früher als gedacht. Warum ich es erzähle? In den langen Stunden solcher Not suchte ich nach einem Blickfang für meine wogenden Gefühle und Gedanken. Angesichts des möglichen Sterbens: Was hält da? Woran kann ich mich klammern? Was hat die Kraft eines Zuspruchs in sich, eines Wortes, das von außen kommt und das gilt? Was kann mir jetzt noch zusprechen, dass ich geborgen bleibe, dass ich mit Gott versöhnt bin, wenn ich ihn treffe? Weder die Intensivstation noch das Krankenzimmer hatten damals irgendetwas Religiöses in sich. Kein Wandspruch, kein Bild, kein Kreuz, nichts. Nichts, was den fiebernden Blick auffangen und halten konnte. Die Nachtstunden mit all dem kreatürlichen Bangen waren furchtbar. Bis ich eine Lüftungsklappe entdeckte. Die Schlitze waren strahlenförmig angeordnet, so wie wir als Kinder eine Sonne malten. Und darin war auch ein Kreuz erkennbar. In der vielleicht tiefsten Angst meines Lebens suchte ich das Kreuz als Zeichen, das zu mir redet. Das Kreuz, welches anzeigt, wie Gott zu mir steht:

Du bist verlorener, als du denkst;
du bist geliebter, als du ahnst;
du bist durch Jesus geretteter, als du dir vorstellen kannst.

Das Kreuz im Strahlenkranz, Golgatha und Auferstehung, dieses Zeichen in der Lüftungsklappe – das hat mich gehalten in der Todesangst. Das kann es nämlich, dieses Zeichen. Weil es vom Himmel verbürgt ist.

Die offene Tür

Seit einiger Zeit liegt etwas in der Luft in Deutschland. Spätestens 2004 ist das Thema „Glauben“ spürbar zurückgekehrt. Das Thema Glaube ist wieder gesprächsfähig. Erstaunt und irritiert haben sich die Medien darüber hergemacht. Nicht weniger erstaunt nahmen Zuschauer und Leser wahr, wer sich da alles auf einmal ganz offen zum christlichen Glauben bekennt. Für viele Verantwortliche in Gemeinden und Werken sind dies hoffnungsvolle Zeichen. Wie wird es weitergehen?

In dieser Phase gehe ich geradezu lustvoll ans Werk der Verkündigung. Von Herzen suche ich das aufkeimende Interesse am Thema „Gott“ und „Glaube“ zu verstärken. Glaubenskurse, Gottesdienste zur Zeit und Unzeit ... Recht so, oder?

Ja, aber ich stocke auch ein wenig, seitdem ich den folgenden Satz gelesen habe: „Nun wird vieles darauf ankommen, dass diejenigen, welche von der Gegenwart Gottes in dieser Welt Zeugnis geben wollen, das innere Feuer in sich hüten.“

Das Feuer in sich hüten? Der Verfasser spricht dann davon, dass Haupt- und Ehrenamtliche in den Kirchen und Freikirchen wie ausgebrannte Kanister geworden sind. Menschen, die viele Worte machen und viele Erfahrungen mitteilen, in denen aber das Feuer des Geistes Gottes erloschen ist und aus denen nicht viel mehr herauskommt als ihre eigenen belanglosen, kleinlichen Gedanken und Gefühle.

Ich fühle mich betroffen und frage: „Herr, bin ich's?" Bin ich auf dem Weg, ein redseliger Feuerlöscher für Gottes Geist zu werden, einfach weil ich der Begegnung, der Kommunikation, dem Nähe-Bedürfnis vieler Menschen immer noch mehr entgegen kommen möchte?

Ich möchte, dass Menschen Christus finden, klar. Aber gibt es da auch ein Zuviel an Bemühung?

Bin ich mir vielleicht nicht sicher, dass Gottes Geist die Herzen der Menschen anrühren kann und meine, ihm helfen zu müssen? Gerade – durch viel Kommunikation, mithin auch durch vieles Reden?

Ich möchte keine faulen Alternativen aufstellen. Reden und Schweigen sind wie Einatmen und Ausatmen. Eines allein ist ungesund. Und doch: Ich erbitte mir heute von Gott einen Menschen, der in nächster Zeit achtsam mit mir umgeht und mich „aufs Wort achten" lehrt – auch mal anders. Nämlich ob es in seinen wichtigen Teilen das Geheimnis der Welt Gottes in sich hat.

Die Wüstenväter sagten, dass ihr Weg ins Schweigen sie in Kontakt brachte mit dem Schweigen Gottes. Und dieses wiederum gab ihrem Reden, wenn es gefragt war, „die Kraft der kommenden Welt". Von Diadochus, um 450 Bischof von Photike (Epirus, Nordgriechenland) stammt das Wort: *„Wenn die Tür des Dampfbads ständig offen gelassen wird, entweicht die Hitze von drinnen sehr schnell; so verflüchtigt sich in einem Menschen, der viel reden möchte, die Erinnerung an Gott durch die Tür der Rede, selbst wenn alles, was er sagt, gut wäre."*

Daraus möchte ich eine kleine, aber wichtige Folgerung neu ziehen:

Schweigen möchte ich, Herr,
und auf dich warten.
Schweigen möchte ich,
damit ich verstehe,
was in deiner Welt geschieht.
Ich möchte schweigen,
damit ich unter den vielen Stimmen
die deine erkenne.
JÖRG ZINK

Ob man Predigen lernen kann?

Gewiss hat Goethe recht: „Ein jeder lernt nur, was er lernen *kann.*“ Aber es gibt auch Lebensführungen, da macht man sprunghafte Fortschritte.

Während meiner altsprachlichen Ausbildung fand ich in Uhlbach ein Zimmer – und eine Jungschar. Ich hatte nie zuvor eine solche Gruppe kennen gelernt. Nun sollte ich sie versorgen. Es war ein Crashkurs. Als einer, der selber erst wenige Zeit davor zum Glauben gefunden hatte, wollte ich diesen gerne an die Kids weitergeben. Aber da passierte etwas Fürchterliches:

In einer dieser Jungschar-Stunden, die ich leitete, ist einer der Jungs – bitte, ein Jungscharler, diese Kerle haben doch sonst Feuer und Dynamit gleichzeitig im Hintern – bei meiner Andacht eingeschlafen. Richtig eingeschlafen. Er musste durch Rippenstöße geweckt werden und sah um sich wie Zeus, als Prometheus ihm das Feuer stahl.

In einem solchen Moment wird Verzagtheit geboren oder ein Überlebenswille. Damals begann ich, meine Andachten auf Tonband zu sprechen – und hörte mit Schrecken, wie lahm das klang. Ich erzählte meine Story dem kleinen Wandspiegel – und war entsetzt über meine sprachlose Mimik. Noch heute wende ich mich mit Grausen, wenn ich mich auf Video sehe – und doch, und doch: Es wächst etwas dazu, wenn man sich etwas sagen lässt. Wenn man sich einen Spiegel vorhalten lässt. Die Betonung liegt auf „lässt".

Zum Auftreten eines Predigers

Schon als junger Mensch habe ich mitunter ein Missverhältnis von Kanzelauftritt und Kanzelabtritt bei manchen Predigern empfunden. Wenn manche Pfarrer oder Prediger hinters Pult treten, scheint aus ihnen ein anderer Mensch zu werden: Sie bewegen sich anders, ihr Gesichtsausdruck verändert sich, manchmal tritt ein eigentümliches klerikales Kanzellächeln auf, das mit Verlassen der Kanzel sofort wieder in sich zusammenfällt, und auch ihre Sprache wirkt mitunter so gestelzt, dass man, pflegten sie sie im täglichen Umgang, sofort lachen müsste. Das Schlimmste aber ist: Der jeweilige Prediger merkt es in der Regel selbst nicht.

In unserer ersten Gemeinde hatte sich eines Tages ein weiblicher Punk in den Gottesdienst verirrt. Ganz in Schwarz saß sie in jener Kirche, in der sie einst konfirmiert wurde und deren „muffigen Geruch" sie noch einmal aufnehmen wollte. In diesem Gottesdienst aber hat sie irgendetwas erreicht, sodass sie wiederkam. Immer wieder. Und schließlich vertraute sie ihr Leben diesem nach ihr suchenden Gott an.

Um ihr Zeit zu lassen und ihr gleichzeitig eine Mitarbeit zu geben, bat ich sie um einen einzigen, aber regelmäßigen Dienst: Sie, die noch alle Intuition von „draußen“ hatte, von „Welt“, von Kirchenferne usw. – sie sollte mir, dem Prediger, direkt sagen, wenn mein Auftreten im Gottesdienst unnatürlich war, abgehoben, unverständlich, befremdend statt einladend. Sie sollte mir spiegeln, wenn ich nach ihrer Meinung die Dinge anders sagte als in meiner eigenen Sprache oder auch, wenn sie zu spüren meinte, dass mir zu manchen meiner geistlichen Aussagen die eigene Erlebnisgrundlage fehle. Das war ein Dienst, der mir außergewöhnlich gut getan hat.

Der Feldprediger: Gott hat mir die Gabe der Sprachgewalt verliehen. Ich predig', dass Ihnen Hören und Sehen vergeht.

Mutter Courage: Ich möcht gar nicht, dass mir Hören und Sehen vergeht. Was tu ich da?

Bertolt Brecht

Der Prediger, das arme Würstchen

Ich habe als Pfarrer stets gerne und intensiv lernen wollen bei den zeitgleichen Größen der Predigerzunft. Ich habe einst die Sprachmelodie eines Klaus Vollmer gekannt. Ich habe Theo Sorg das Wort von den Lippen gepflückt. Ich habe Rolf Scheffbuchs Verbindung von Ruf zur Sache und befreiendem Humor bewundert. Und ich habe Konrad Eißler so intensiv zugehört, dass ich in dessen Predigt-Sprach-Rhythmus denken konnte. Sie und viele andere – Winrich Scheffbuch, Bernd Bierbaum, Johannes Hansen, Ulrich Parzany, Peter Strauch, Klaus Eickoff – schienen mir beides: unerreichbar voraus und doch wie mir vor die Füße gelegte Geschenke, um an ihnen zu lernen.

Das Zutrauen in das eigene Sprechen wuchs vergleichsweise langsam. Dass ich schon auf der ersten Pfarrstelle nicht stecken blieb, vor lauter Verzicht auf strömende Zuhörermengen, das lag an vier Personen vor allem: Frau Pflüger, die gute, alte Gemeindefrau, die mich in nächtlicher Verzagtheit gesegnet hat; Friedrich Wittig, der Hamburger Verleger, der mit seiner geistigen Überlegenheit und seinem brillanten Deutsch keine Behäbigkeit bei mir aufkommen ließ; Prof. Rudolf Müller-Schwefe, der mich unaufhörlich behandelte, als sei es nur eine Frage der Zeit, bis sich in mir der Engel Gabriel persönlich zeige; und meine Frau, die mir durch ihre Art des Zuhörens den Eindruck vermittelte, als habe gerade eben ein Engel mein armes Wort beflügelt – und das alles zusammen war mir armem Würstchen auf der Kanzel dann doch jedes Mal eine ganz ungeheure Kraftzufuhr und ein Riesen-Vorrecht.

Sprache

Sprache ist unaustauschbar, unleihbar, unverleihbar. Sie ist mein und dein Eigen wie meine Stimme und deine Stimme. Sie ist unteilbar. Sie ist nicht Werktags- oder Sonntagssprache, sondern eine Sprache an jedem Tag. Wagt sie sich daran, von großen, geheimnisreichen, von ewigen Dingen zu sprechen, so höre sie doch ja nicht auf, mit Leib und Leben des Sprechers nah und natürlich verbunden zu bleiben; mit seinem andante oder seinem vivace, seinem »Leicht« oder seinem »Schwer«. Zugleich aber wisse sie, dass der Umgang mit der Heiligen Schrift diesem Sprecher – im einfachsten Sinn des Wortes – gut tut. Sie, die Schrift, mittelt zu, was in ihr wirkt, wie in keinem anderen Schriftwerk: Maß, Gesundheit, Morgenlicht, Kraft – und etwas, das man Schönheit nennen möchte.

ALBRECHT GOES

Eine wirkungsvolle homiletische Regel

Den mir vielleicht wichtigsten Satz über das Predigen habe ich aus einem humoristischen Buch von Hans von Campenhausen („Theologenspieß und -spaß", Siebenstern). Dort steht zu lesen: Ein Pfarrer habe seine Rede auf der Kanzel begonnen mit den Worten: „Liebe Gemeinde, die Predigt heute fällt aus, denn ich habe Ihnen etwas zu sagen."

Dieser Satz, auf eine kommende Predigt hin gehört, ist in meinen Ohren so gut, dass er keines Kommentars bedarf.

Was recht eigentlich die Predigt trägt, ist nicht ihre rhetorische, psychologische oder auch theologische Perfektion. Kanzelholz wird ein besonderes Holz dadurch, daß wir dessen eingedenk sind, wer unser Gegenüber ist. Dieses Holz hat zu tun mit dem Holz der Krippe von Bethlehem und dem Holz des Kreuzes von Golgatha. Und das heißt: Die Predigt ist gehorsame Rede. Als frei geformtes Wort eines Menschen von heute (der, so genau er es vermag, diesem Heute angehören soll in Verantwortung, Frage und Zuneigung, Zweifel und Liebe) weiß sie sich gebunden an das Schriftwort, das sie auszulegen hat. Sie ist in Pflicht genommen von der ganzen Schrift als dem Wort, das der sich wandelnden Zeit wandellos offen steht und das jede Zeit bindet mit dem Seil der strengen Liebe. Die Schrift selbst ist es, die an die Predigt delegiert, was ihr gegeben ist, dies: Unruhe zu wirken – und Ruhe zu stiften.

Albrecht Goes

Vom Predigen

Die erste mir eindrückliche Bemerkung über das Predigen hörte ich im homiletischen Seminar in Tübingen. Der damalige Übungsleiter begann seine Ausführungen mit den Worten: „Meine Damen und Herren, denken Sie nicht, dass Sie durch Ihre Predigten einmal etwas bei den Menschen verändern werden!“

Da war ein Wort, das mir ein älterer Kollege auf die Kanzel gelegt hat, als ich ihn einmal vertreten durfte, viel hilfreicher: „Treu ist er, der euch ruft. Er wird's auch tun.“ Das ruft zur Geschäftsordnung unseres Geschäfts.

Zu meiner Ordination hat Rolf Scheffbuch das Wort Spurgeons zitiert, der zu einem angehenden Prediger sagte: „Glauben Sie, dass das Gottes Wort ist, was Sie verkündigen?“ Der junge Mann wollte sich nicht so wichtig nehmen, war auch tatsächlich unsicher, ob man so hoch greifen dürfe und sagte: „Ich bin nicht sicher ...“.

Darauf Spurgeon: „Wenn Sie nicht sicher sind, dass das Gottes Wort ist, was Sie weitergeben, so lassen Sie es mit dem Predigen.“

Und kommt nicht dran

Manche Menschen können nicht glauben. Selbst wenn sie wollen – es geht einfach nicht. Selbst wenn sie leiden darunter. Selbst wenn sie anders wollen. Das Wort „Cassati“ erinnert mich daran. Im Cevedalegebiet in Südtirol gibt es die Cassati-Hütte, etwa 3500 m hoch gelegen, benannt nach einem gleichnamigen Bergführer. In einem Frühjahr, nachdem der gröbste Schnee zurück gegangen war, machte er sich auf aus dem Tal zu seiner Gasthütte. Ein paar Carabinieri begleiteten ihn und halfen ihm beim Tragen der Vorräte. Sorgfältig achteten sie darauf, nicht in eine der zahlreichen, vom Schnee bedeckten Gletscherspalten zu stürzen. Als sie die Hütte schon von Weitem erkennen konnten, riet ihnen Cassati, das Gepäck abzustellen und ins Tal zurückzukehren. Er wollte den Rest nach und nach alleine hinauftragen. Aber kaum waren die Männer verschwunden, da stürzte er in eine Gletscherspalte, fiel einige Meter hinunter und blieb dann an einer schmalen Stelle stecken – eingeklemmt an Brust und Rucksack, die Beine im Leeren. In dieser hilflosen Lage blieb er drei Tage und drei Nächte, bis ihn ein Suchtrupp aufspürte und rettete. Als man ihn herauf gezogen hatte, waren ihm alle Zehen und Finger erfroren. Aber das Schlimmste, berichtete er, war nicht die Angst vor dem endgültigen Runterstürzen, auch nicht die Angst vor dem Erfrieren. Sondern das Schlimmste war für ihn: Dass hinter seinem Rücken, im Rucksack, alle Lebensmittel waren – und er kam nicht dran.

Lebens-Mittel muss man dabei lesen. Überlebens-Mittel. In greifbarer Nähe. Und er kam nicht dran. – Immer wieder sind mir Menschen so vorgekommen: Sie haben nach dem Leben, nach dem Überleben gesucht und gefiebert … und sie kamen einfach nicht dran. Und wenn dann kein Suchtrupp kommt und von außen hilft …

Die Hände in die Strömung halten

Manchmal, wenn Menschen in die Nähe Gottes geraten, werden sie still und wartend. Im Auftreten, in der Ausrichtung, im Handeln – still und wartend. Micha: „Ich aber, ich will nach dem HERRN ausschauen, will warten auf den Gott meines Heils." Mose, als er in die Nähe des Dornbuschs kam. Dasselbe, als er in die Wolke auf dem Sinai trat. Die Jünger auf dem Berg Tabor, als sie die Stimme hörten. Es entspricht Gott, wenn ein Mensch sich so auf ihn einlässt, in seiner Gegenwart wartet: zulassend, loslassend, sich ihm überlassend, einwilligend, ausgespannt auf ihn hin.

„Dir gilt Stille", sagt Psalm 65.

Der Knecht Abrahams soll für Isaak eine Braut suchen. Er trifft Rebekka und schaut ihr zu beim Arbeiten. Es hätte wohl vernünftige Gründe gegeben, ihr bereits jetzt den Zuschlag zu geben. Er wollte aber erkennen, ob sich in ihr Gnade Gottes verkörpere, *„ob Gott Gnade zu seiner Reise gegeben hatte oder nicht"*. Er wartet darauf, das Vordergründige zu durchschauen auf das Eigentliche hin. Stehen bleiben, Warten vor Gott, die Dinge durchschauen auf ihn hin. In Lateinamerika sagt es einer so:

„Ich löschte das Licht, um den Schnee zu sehen.
Ich sah den Schnee und den Mond.
Doch dann sah ich, dass Schnee und Mond
nur wieder Fenster sind,
und durch dieses Fenster sahst du mich an, Gott."

Eine englische Ärztin war Folteropfer unter Pinochet in Chile. Zur Frage, wie man eine solch schlimme Zeit überleben könne, schrieb sie: *„Wenn man sehr große Schmerzen hat und Angst, ist es extrem schwer, zusammenhängend zu beten. Ich konnte meinen Geist nur qualvoll zu Gott erheben und ihn um Kraft bitten, durchhalten zu können ...“*

Die Angst vor neuen Folterungen wurde bestimmend in Körper und Seele. Geschüttelt von Furcht und Zweifel konnte sie kaum still werden vor Gott. Völlig leer von frommen Gefühlen suchte sie nach Wörtern, nach Grundwörtern des Glaubens – Ja, Du, Vater, Jesus – , um sich mit ihnen, irgendwie, Gott hinzuhalten. So überlebte sie.

„Ich entdeckte, dass ich ihn, Gott, irgendwo kennengelernt hatte, als ich in den scheinbar vertanen Stunden, die ich in der Kirche, am Flußufer oder in den Bergen verbrachte, einfach bei Gott saß.“

Die empfangene Lebenskraft im Gefängnis war *„Frucht vieler Stunden, die man bei ihm verbringt“*, still, wartend, horchend, schauend.

Ereignisse und Katastrophen im kleinen und großen Leben stellen uns – immer wieder – vor große Fragen. Die Flutwelle im Golf von Bengalen, die Suche nach Schuldigen, die Frage, wo Gott war in dem allem, unser Weitergehen auf dem „zerbrechlichen Planeten“ als Volk, als Glaubende, als Familie und allein stehend, mit verlierbarem Arbeitsplatz ... Gewiss, wir tun, was wir können. Wir packen an. Aber: „Wenn man die Orientierung verloren hat“, sagte einmal ein Wattführer, „wenn alles im Nebel versinkt und das Wasser steigt, dann muss man nur sehr still sein und die Hände in die Flut halten, damit man spürt, wo die Strömung ist. Denn dorthin geht’s zum Land.“

Ich kann nicht beurteilen, ob dieser Rat am Meer praktisch genug ist. Aber für mein Leben, meine ich, sei er eine Wegweisung.

Still sein, auf Gott warten, sich dem „Strom des Lebens" anvertrauen, ahnend: Wir sind geführter, als wir denken, behüteter, als wir ahnen, geliebter, als es uns je in den Sinn kommt.

Jesaja sagt: *„Wir warten auf dich, Herr, auch auf dem Wege deiner Gerichte; des Herzens Begehren steht nach deinem Namen und deinem Lobpreis."*

Der verliebte Gott

Kein Ding ist hier noch dort, das schöner ist als ich,
weil Gott, die Schönheit selbst, sich hat verliebt in mich.

ANGELUS SILESIUS

Von Gottes Liebe Angesteckte

Die lautere Wahrheit

Keiner ist wegen seines bisschen Guten besser und keiner wegen seines vielen Bösen schlimmer; alle brauchen die Gnade, Gottes Erbarmen und des Heilands Blut. Diese teure Wahrheit kann man zur falschen Sicherheit und zum Leichtsinn missbrauchen, das ist wahr; aber sie ist doch die lautere Wahrheit.

Nikolaus Ludwig Graf von Zinzendorf

Ein Mensch der Sehnsucht

„Ich danke meinem Gott, dass ich zeitlebens ein Mensch der Sehnsucht sein sollte. Ich preise dich, mein Erretter, dass du mir auf der Erde kein Vaterland und keine Wohnung gegeben hast. Du hast mich vor der Torheit bewahrt, das Zufällige für das Wesentliche, den Weg für das Ziel, das Streben für die Ruhe, die Herberge für die Wohnung, die Wanderschaft für das Vaterland zu halten."

Johann Amos Comenius

„Ein Mensch der Sehnsucht ist ein unsicherer Kantonist, weil er in jedem Land zu große Wünsche hat; weil er überall die Stummen sucht, die reden gelernt haben, und die Lahmen, die tanzen gelernt haben. Und er findet sie noch in keinem Land. So ist jedes Land und jede Heimat auch ein Käfig. Er aber lässt sich nicht einfangen in die Sprache der Menschen, die dort wohnen, weil die Sprache seiner Sehnsucht weiter reicht. Und in jedem Land weint er die Tränen seines Heimwehs nach der Sprache der Stummen und nach dem Augenlicht der Blinden. Zu Hause wird er sein im Niemandsland, in dem Land, in dem noch keiner war. Zu Hause wird er erst sein im Land, das allen versprochen ist: in dem Land, aus dem die Seufzer geflohen sind. Jeder Mensch der Sehnsucht ist ein Ausländer – überall. Schön sind diese Menschen der Sehnsucht in ihrer Freiheit und in ihrer Skepsis den Heimaten gegenüber. Sie sind nicht eingefangen in eine Sprache, die sich als die einzig Mögliche gibt, und sie kennen größere Lieder als die der Heimatkapellen."

FULBERT STEFFENSKY

Wie

Wie du an Gott glaubst, so hast du ihn. Glaubst du, dass er gütig und barmherzig ist, so wirst du ihn so haben.

MARTIN LUTHER

Das schöne Amt

„Es gibt höhere Ehren und größere Rangstufen, aber ein Amt, das den Müden das Herz erquickt und den Armen den Trost bringt und den Sterbenden den Frieden bezeugt und einer verlorenen Welt die Heimat weist, gibt es fürderhin nicht."

HERMANN BEZZEL

Was hinter den Kulissen geschieht

„Vater, vergib ihnen" – diese Worte sind die eigentliche Großtat Jesu an der Welt. Dahinter steht die Bitte Jesu, dass der Vater nicht unsere Sünde, unsere Abwendung von ihm, sehen wolle, sondern auf das Antlitz seines Sohnes sehen wolle. Jesus sagt dem Vater: „Schau mich an, nicht die Sünde der Welt, schau mich an, dass du dich über mich erbarmst, und indem du meiner gedenkst, vergib ihnen!"

Hermann Bezzel

Wir müssen wieder wach werden

Nicht nur der lichte Tag, auch die Nacht hat ihre Wunder. Es gibt Blumen, die nur in der Wildnis gedeihen, Sterne, die nur am Horizont der Wüste erscheinen. Es gibt Erfahrungen der göttlichen Liebe, die uns nur in der äußersten Verlassenheit, ja, am Rande der Verzweiflung geschenkt werden.

Gertrud von Le Fort

Wir sagen oft ...

Wir sagen oft, wir stünden in deinem großen Heer.
Wir singen dir Gesänge – und unser Herz bleibt leer.
Wir glauben deinem Worte – und sind von Furcht umstellt.
Wir bitten dich um Segen – und tun, was uns gefällt.
Wir nennen dich den Richter – und brechen frech das Recht.
Wir wissen von Erlösung – und sind so oft noch Knecht.

Wir singen von der Liebe – und flieh'n des Bruders Not.
Wir glauben an das Leben – und fürchten doch den Tod.
Du aber wirst nicht müde und trägst uns in Geduld.
Gibst uns von deinem Leben, vergibst uns unsre Schuld.
Lös' du uns von uns selber und mach uns für dich frei,
dass Leben und Bekenntnis zu deiner Ehre sei.

Fritz Woike

Rede-Tipps von Manfred Rommel

1. Gedanken muss man aufschreiben, wenn man sie hat, nicht erst, wenn man sie braucht. Denn dann hat man sie gewöhnlich nicht.

2. Es gibt Wahrheiten, die man nicht oft genug sagen kann, wie z. B. dass kein Geld da ist, oder: Wenn der Klügere immer nachgibt, kann das Ergebnis nichts Gescheites sein. Aber man sollte solche Wahrheiten gelegentlich etwas anders formulieren, damit die Zuhörer im Laufe der Zeit dem Redner nicht durch die Bewegung ihrer Lippen kundtun müssen, dass sie seine Betrachtungen bereits auswendig können.

3. Ausführliche Gliederungen des Vortrags zu Beginn desselben sollte man nur machen, wenn man die Zuhörer ohnehin nicht mag oder wenn man sie warnen will. Letzteres ist immerhin menschenfreundlich, denn so können sie überlegen, ob sie den Saal nicht lieber gleich verlassen.

4. Manche Redner lieben den Schluss ihrer Rede so sehr, dass sie mehrfach zu ihm kommen. Zum Schluss kommt man am besten, indem man tut, was man ankündigt: Nämlich aufhören. Man kann dies tun mit dem Satz: „Ich danke für Ihre Aufmerksamkeit!“. Von solcher Aufmerksamkeit ist zwar meist keine Rede, aber der Zuhörer hört es wenigstens gern.

5. Wenn die Zuhörer sich schon während der Rede laut unterhalten haben, kann man auch sagen: „Ich danke für Ihre Unaufmerksamkeit!“ Aber dies empfiehlt sich nur dann, wenn der Redner sicher ist, dass ihm die Zuhörer keinen Schaden zufügen können.

6. Besonders wirkungsvoll ist ein jäher Schluss. Zum Beispiel indem man sagt: „Ich fasse zusammen.“ Das klingt wie eine Drohung und lässt Langes ahnen. Wenn man dann aber nur noch sagt: „Wir sind auf dem richtigen Weg, ich danke Ihnen!“ – dann kriegt man Applaus und Zuneigung.

7. Was zwischen dem Beginn und dem Schluss einer Rede liegt, ist nicht so wichtig. Auf jeden Fall sucht der Zuhörer dort keine neue oder grundsätzliche Wahrheit. Er denkt gar nicht daran, denn normalerweise meint der Zuhörer, er habe diese Wahrheit schon und sucht lediglich Ermutigung, bei dieser zu bleiben.

8. Es macht keinen Sinn, in seiner Rede die Leute zu beschimpfen, besonders, wenn man sie noch braucht.

9. Häufig besteht eine Rede darin, dass der Redner etwas sagt, was er selber nicht so recht weiß. Dann sollte man sich wenigstens kurz halten.

10. Manche Redner sind um Unverständlichkeit geradezu bemüht. Sie erwecken beim Zuhörer den Wunsch, dem Redner seine eigene Rede noch einmal vorlesen zu dürfen und ihn zu fragen, ob er so etwas gerne höre.
MANFRED ROMMEL

Geschichten und Sprüche

Immer wieder wurde ich gefragt, ob ich aus meinen gesammelten lustigen Geschichten und Sprüchen etwas weitergebe. Ich nenne hier mal ein paar – aber nicht viele. Denn erzählt sind die Sachen schöner als geschrieben:

Zwei alte Freunde trafen einander auf der Straße. Der eine machte ein trauriges Gesicht und schien den Tränen nahe. Der andere fragte teilnahmsvoll: „Na, altes Haus, was ist Dir denn passiert?"

„Ach", sprach der Trauernde, „Hör nur! Vor drei Wochen ist mein Onkel gestorben und hat mir 40 000 Euro vermacht."

„Na, das ist doch nicht übel."

„Vor zwei Wochen verunglückte eine entfernte Großtante und vererbte mir glatte 80 000 Euro!"

„Auch schlimm, aber gleichzeitig …"

„Na ja, und letzte Woche starb meine Uroma und schenkte mir eine Viertelmillion!"

Jetzt war sein Freund völlig verstört und fragte: „Ja, und da schaust Du so trüb aus der Wäsche?"

„Na eben, und diese Woche ist schon Mittwoch und bisher – noch gar nichts."

„Was hast du dem Brautpaar geschenkt?"

„Ein Kaffeeservice für zwölf Personen. Und du?"

„Ein Teesieb für 400 Personen."

„Warum haben Sie kein Billett?", fragt der Schaffner mit strafendem Blick. „Ich muss sparen", antwortet der Reisende ungerührt.

Wahre Umweltschützer erkennt man daran, dass sie ihre Busfahrkarte nicht wegwerfen, sondern mehrfach benutzen.

Mitten in der Nacht wird der Doktor zu einer Patientin gerufen, einer recht vermögenden Witwe, die viel Zeit hat, sich ihre Krankheiten einzubilden und den Doktor wegen jeder Kleinigkeit kommen lässt. Der Arzt untersucht sie und sagt schließlich:

„Haben Sie schon Ihr Testament gemacht?"

„Du meine Güte, ist es denn so schlimm?"

„Man weiß nie. Am besten wäre es, wenn Sie den Notar und zwei Zeugen kommen ließen."

„Den Notar auch?"

„Ja, und den Pfarrer. Ich will nämlich nicht der einzige Simpel sein, den Sie heute Nacht wieder unnötig aus dem Schlaf gerissen haben."

In einem schwäbischen Zugabteil ist ein erbitterter Streit ausgebrochen. Zwei ältere Frauen sind sich in die Haare geraten.

Die eine erklärt, sie bekomme einen Herzschlag, wenn das Fenster nicht sofort geöffnet werde; die andere schreit, dass sie, wenn das Fenster aufgemacht werde, sofort eine Lungenentzündung bekomme. Der erfahrene Schaffner hört sich das Gezeter eine Weile an und sagt dann: „So, jetzt mache mr s'Fenster z'erscht auf, bis de oi hee' isch und no mache mr's zua bis de ander hee' isch. No isch a Ruah."

(Auf Hochdeutsch: So. Jetzt machen wir das Fenster zuerst auf, bis die eine dahin ist. Und dann machen wir's zu – bis die andere dahin ist. Dann ist Ruhe.)

Der Religionslehrer versucht der Klasse zu erklären, dass sich Ehepartner im Laufe der Jahre ähnlicher werden, und sich auch einander anpassen. Ob denn jemandem ein Beispiel hierzu einfallen würde. Da meldet sich Hans: „Meine Oma und mein Opa ergänzen sich auch gut. Mein Opa schnarcht ganz arg, und meine Oma hört nichts mehr."

Allerlei

Gedichte

Manchmal wird man überraschend gefragt: „Können Sie ein Gedicht aufsagen?“ Das ist dann immer ein schwaches Bild, wenn man so gar nichts auf Lager hat.

Ich bin mit folgenden zwei Werken recht weit gekommen:

1. „Zwei Knaben saßen auf zwei Kübeln
Und fingen beide an zu grübeln.
Der eine grübelte zu hastig,
der andre Kübel war aus Plastik.“

Und:

2. „Zwei Knaben machten sich den Jokus
und tranken Most im Keller.
Da musste einer auf den Lokus,
jedoch der Most war schneller.“

Oder auch dies:

„Wer reitet so spät durch Nebel und Nacht?
Es ist der Vater mit seinem Knacht.“

Nach „Knacht“ entsteht gewöhnlich ein Gelächter. Dieses muss man nützen, um auf ein anderes Thema auszuweichen …

Ein vergnügliches Ereignis – hauptsächlich für Schwäbisch-Kenner:

Schnokajagd

Was kennat doch dia Donndersschnoka
ons arme Menschakender ploga
was ploga – zur Verzweiflong bringa!
– i ka drvo a Liedle senga –
wenn so-n-a elends Lombadier
hot grad a bsondre Freid an dir.

So isch m'rs au do neilich ganga,
grad han e a zom Schlofa gfanga,
behaglich ben em Bett i glega
ond duah da erschta Ascht versäga –
uf oimol sssss – i kenn des Gsomm!
danzt mir a Schnok om d' Nasa rom.

Wenn d'net a Haut hoscht grad wia d' Goga,
no muescht Reschpekt han vor de Schnoka
I wenigschtens ka's net verhehla,
mi deant dia Viecher elend quäla;
I gang, kommt oina' mir en'd Quer,
glei wia d'r Blitz d'rhender her!

Jetzt heer e se am Ohr rom fliaga,
wart no – denk i – di will i kriaga,
dir will i d'Freid an mir verderba,
wann d' 'ahockst, Luader, no muescht schterba!

Se hockt – i hau, so schnell e ka,
wia narret mir an d'Backa na!

D' Schnok aber heer e weiter geiga;
do will mer scho a Wuat uffschteiga;
no – denk e – muescht halt Licht ozenda,
em Donkla kasch se doch net fenda. –
Lang noch d'r Zendholzschachtel nom,
Bommns – fliagt mei ganz Glas Wasser om.

Mei Uhr, dia schwemmt em Wasser drenna;
I han's schier net verwarta kenna,
bis i des Schächtele han gfonda;
s'erscht Schwefele hot gar net zonda,
s'zwoit schpritzt, potz Schduegert sapperment,
ond hot mer d'Fenger bees verbrennt.

Do soll a Mensch sei Ruah bewahre!
Jetzt nex wia aus em Bett rausgfahra,
dem Sauviech noch wia's Donnderwetter,
jetzt muaß se her – dees wär no netter! –
Ond schlag mei Kneedle, was e ka,
ans Eck vom Bettladpfoschta na.

Deeen Schmerza will i gar koim Menscha,
no net amol meim Dodfeind wenscha!
Mir isch d'r Odem schier verganga,
d'r Gugug hol's ganz Schnokafanga.
– Aha – i glaub, jetzt hockt se na!
Wart, Schenderluader, jetzt kommsch dra.

I batsch an d'Wand na donndermäßig,
do werd em Gsicht i bleich ond käsig,
mei Hand, dia brennt ond s'Bluad isch gloffa;
i han direkt en Nagel droffa,
en Nagel den i, meiner Seel,
für d'Schnok han ghalta – i Kamel.

Des Luader aber surrt ganz heiter
ond seelafroh durch d'Schtuba weiter.
Mir aber, mir isch d'Luscht verganga,
soll doch wer will dia Schnoka fanga!
I mach mir liaber en Verband
oms Kneedle, d'Fenger ond om d'Hand.

O Leit, was isch en solcha Laga
a Schnäpsle guad – s'isch kaum zom saga!
Es kennt, i glaub – i mecht druff wetta –
a Kirschagoischt mir's Leba retta.
Damit e gwieß nex drag d'rvo,
han zwoimol i en Schlucker do!

Des Schnokaviech, des fliagt ganz monter
frech rom ond nom ond ruf ond ronder.
I denk bei mir – loss me en Ruah
ond will grad uff mei Bettlad' zuah –
trett i mir no – o mei, o mei,
en Schpreißa grad en d'Fuaßsohl nei!

Jetzt – miaßet er net selber saga:
ko s'Oglick oi no ärger schlaga?
Ond wian e ben em Bett dren glega
hätt e am liabschta heila mega.

Ond bettet han e: „Liabr Gott,
schlag du doch älle Schnoka z'dod!"

Am andra Morga no – o Schrecka,
was muaß em Schpiegel i entdecka:
mei Nas isch wia n'a Sellreknolla
ond boide Auga – dick verschwolla!
Sischt guet, daß i koi Weib han no,
sonscht dät's no hoißa, dui häb's do. –

Ermutigung

Wenn m'r den Hugoles-Frieder schildert,
muaß mr verzehle, dass der gern wildert.
Der schießt fei dia Reh weg, wie selte oiner,
nur eigsperrt hot en bis heut no koiner.
Der Oberförster, ein würdiger Herr,
ischt lange Zeit scho hinter ihm her.
Do neulich, am Sonndich, an dr „Hagebachzonge"
do isch ihm ums Härle der Fang gelonge:
Er sieht en, er stellt en: „Gooschd her oder net?"
Doch hot er sei Gwehrle vergesse ghet.
D'r Frieder aber sieht's seelefroh
ond saust em natürlich oogspitzt drvo.
Er roifelt schräg über d' Äcker nei,
d'r Oberförster älls hendedrei.
Sie laufet, bis eane d' Socke brennet,
se springet, se schnaufet, se hopfet ond rennet
bis d'r Oberförster, m'r sieht's em ao a,
mit seim dicke Ränzle schier nemme ka.

Scho dreißig Meter isch d'r Frieder voraus,
do goht em Förster d'r Schnabber voll aus.
Pruschdend und ächzend – so macht er Halt:
„O liebe Leit, m'r wird ebbe alt."
So losst er sich ame Baumstamm nieder,
ond a paar Meter weiter, da hockt d'r Frieder.
Den hots natürlich ao a weng gschlaucht.
Worom soll er saue, wenn er's net braucht?
Ond wia se boide so richtig schwitzet
ond o'gfähr fünf Minute lang sitzet,
do ruft auf oimal von vorne d'r Frieder:
„Was isch, Herr Förster, packe mr 's wieder?"

VERFASSER UNBEKANNT

(Falls Nicht-Schwaben dieses Gedicht nicht verstehen – freuen Sie sich einfach am Lachen derselben. Denn nach dem letzten Satz im Gedicht … lachen die Schwaben!)

Vitamine für Jesus

Julius, ein Schüler, schrieb im Reli-Unterricht ins Heft: „Und es kamen drei Könige aus dem Morgenland und brachten dem Kind Gold, Weihrauch und Möhren."

Entlastungswort

Wenn einem das Leben viel auflädt, muss man zwischendurch irgendwo abladen. Das kann man auf verschiedene Weise tun. Unwillkürlich bzw. unbedacht geschieht es meistens durch sehr individuelle Entlastungsausdrücke. Man kann z. B. tief durchatmend sagen: „Ach ja!". Diese zwei Wörter und danach ein etwa vier- bis sechssekündiges Schweigen, das ist gar nicht schlecht. Zuerst diese ungemein tiefgründigen Worte, welche sich dann bedeutungsschwer in eine akustische Tiefebene ergießen – das löst beim Zuhörer oft eine ergriffene Verblüffung aus und verleiht dem Redenden den Ausdruck, als habe er gerade eine geheime Schatztruhe aufgeschlossen. „Ach ja".

Man sollte so etwas ruhig ein wenig üben und kultivieren. Die Gelegenheit zum Einsatz kommt schneller, als man denkt.

Zum Beispiel bei einer Polizeikontrolle. „Steigen Sie mal aus!" – „Ach ja." – und dann vier bis sechs Sekunden nachdenkliches Schweigen ins Angesicht des Polizisten ... Probieren Sie es mal!

Oder bei mündlichen Prüfungen. Dort kann man das Schweigen sogar noch verlängern. Es wird bei gleichzeitigem coolen Augenkontakt mit dem Prüfer seine verunsichernde Wirkung auf diesen kaum verfehlen.

Ein anderes Entlastungswort ist: „Sch...". Das ist sicher nicht gerade vornehm. Aber zweifellos entspricht es nicht selten einer präzisen Beschreibung der Situation. Ohne besonderen Vorsatz ist dieses Wort auch zu mir gekommen. Und einmal hat es J. gehört, mein kleiner Freund, behindert. Und weil er auf „seinen Hanspeter" große Stücke hält, hat er das

Wort sofort in sein Vokabular aufgenommen. Wo immer er mich seither sieht, ruft er mir laut und fröhlich entgegen: „Sch…, Sch…“. Ganz laut, so dass wirklich alle es hören.

Seine arme Mutter untermalt den Ruf mit ermahnendem Zischen, welcher hindernd wirken soll, die Aufmerksamkeit der Anwesenden aber nur steigert.

Neulich saß J. neben mir im Konfirmanden-Unterricht. Immer wieder unterbrach er meine Ausführungen mit dem lauten Doppelruf: „Sch…, Sch…“. Schließlich habe ich ihn gefragt: „J., wo hast du das denn gelernt – dieses Sch… Sagen?“

Darauf J.: „Von dir!“

Ich: „Sch…“

„Standard?“

Buenos Aires, Apart-Hotel: Die Hostess fragt ausdrücklich noch mal: „Sie wollen Standard-Zimmer?“ Wir bejahen. Heute weiß ich: Diese Frage wird mich für alle weiteren Zeiten meines Lebens aufs Höchste alarmieren. Aber damals hieß „Standard“: preislich günstig. Das Doppelzimmer war dann eine Hinterhofausführung im sechsten Stock, Fenster nicht schließbar, der Gast wird kostenloser Teilhaber sämtlicher Dunstabzugshauben und Entlüfter des Hinterhauses. Aber egal. Wichtig ist die Dusche. Meine Frau Bärbel schaut frühmorgens rein: Die Badtür ist in sich verzogen und steht weit offen. Beim Betätigen der Armaturen fällt sofort der Griff von „Warm“ herunter, das heiße Wasser schießt nur so aus der Wand. Bärbel flüchtet ins Freie. Der Wasserstrahl setzt ihr nach und spritzt in den Flur. Das Bad steht unter

Wasser. Es kommt fast kochend aus der Wand. Mit spitzen Fingern und jetzt schon missgestimmter fischt Bärbel nach dem abgefallenen Griff und versucht ihn aufzusetzen. Gleichzeitig dreht sie „Kalt“ auf. „Kalt“ kommt auch, „Warm“ jetzt nicht mehr. Dafür lässt sich „Kalt“ nicht mehr abstellen. Im Bad sieht es aus…!

All das höre ich im Bett nebenan mit Grausen. Meine Frau erstattet empörten Bericht, ich nehme mitfühlend Anteil – und beschließe, das eigene Duschen zu verschieben. Aber Klo muss sein. Mh, ist das ein Gefühl, wenn man morgens barfuß ins Bad kommt und kalte Nässe einem Fußsohlen und Zehen einhüllt … Beim Sitzen lehnt sich der Klodeckel vertrauensvoll auf meinen Rücken. Gleichzeitig gilt es, ein vorsintflutliches Bidet im Auge zu behalten, das an einem heimtückischen Schwenkarm in die Schüssel ragt. Es wird doch nicht …?

Und so ging es weiter: Beim Frühstück gab es dann keine Eier, nur Eierbecher, und vom Käse gab es nur ein Poster.

Aber preislich war’s günstig. „Standard“ eben.

Verkehrs-Hütle

Ein neuer Mitarbeiter legte großen Wert auf seinen gesicherten Parkplatz. Übergriffe auf dieses heilige Land lösten bei ihm heftigste Eruptionen aus. Zur Sicherung des Terrains stellet er vier Hüte auf, wie man sie im Straßenverkehr und an Baustellen findet.

Eines Morgens kurz nach sieben Uhr kam einer unserer Buben auf dem Schulweg an dieser Hütchenstelle vorbei. Als überzeugter Fußballer gab er einem der Hütchen im Vorbeigehen einen Tritt, worauf sich dieses den Hang hinunter davonmachte. Sofort öffnete sich ein Küchenfenster, und es ertönte ein Riesengeschrei. Der Fußballer musste unverzüglich dem Hütchen hinterher steigen und es wieder an seinen Platz stellen.

Nach der Schule erzählte er daheim den Vorgang. Tiefe Anteilnahme stellte sich ein. Am nächsten Morgen: Die Schwester und ein anderer Sohn sind auf dem Weg zur Schule.

Am Hütchenplatz sagte sie zu ihm: „Kick mal eins runter!“

Er tat’s, nichts ahnend.

Resultat: Ein gewisses Küchenfenster flog auf, und eine gewaltige Stimme dröhnte über den Platz. Der Übeltäter nahm entsetzt Reißaus. Beim Mittagessen war das Gesprächsthema erneut: „Hütchen“.

Das brachte den ältesten Sohn auf eine Idee. An einer außerörtlichen Baustelle lud er seinen Kofferraum voll mit Verkehrshütchen, stellte sie alle bei Nacht um den „heiligen Parkplatz“ und rief morgens um sieben Uhr bei jenem Küchenfenster an: „Hallo, hier ist die Polizei. Wir haben gehört, Sie haben unsere Verkehrshütchen?“

Igitt!

Der Konferenzleiter ist in voller Fahrt. Er will die Anwesenden hinter sich bringen.

Mit großer Geste ruft er in den Saal hinein: „Vertrauen ist nötig! Und wenn etwas in die Hose geht, dann löffeln wir es auch gemeinsam wieder aus!“

Eine Stimme aus der dritten Reihe: „Mahlzeit!“

Der Hanuta-Fresser

Der Mann war mir bekannt. Ich hatte ihn viele Male im Fernsehen gesehen. Der Showmaster. Die Heulboje. Der Schnellschwätzer. Der Beau. In Echterdingen standen wir zusammen im Flugsteig 5 mit demselben Flugziel: Berlin. Ich „Economy“, er „Business-Class“ und eine hochgeblondete Modelline war auch dabei. Es war zu jener Zeit, als die Fluggesellschaften ihre Passagiere noch kostenlos mit guten Zeitungen, Getränken und Süßigkeiten verwöhnten. Die meisten Fluggäste griffen zu, nahmen wenig, blieben höflich und bescheiden. Nicht so mein TV-Mensch. Er holte aus seinem Handgepäck eine große, eine wirklich große Plastiktüte. Die Fluggesellschaft hatte „Hanuta“ spendiert. Und diese packte er jetzt tatsächlich ein. In großem Stil, nein, mit Stumpf und Stiel. Die ganze Ladung. Wir anderen Fluggäste fassten es nicht. Wir bildeten ein sprachloses Publikum. Dann drückte der feine Herr seiner Modelline die Tüte in die Hand und verdrückte sich in der „Bussiness-Class“.

Seit diesem Tag habe ich seinen wirklichen Namen verdrängt. Ich kenne ihn nur noch unter seinem Künstlernamen: „Hanuta-Fresser“.

Die Tücke des Objekts

Da hatte also ein Gemeindeglied dem Pfarrer eine Freude machen wollen und ihm und seiner Frau Karten fürs Sinfoniekonzert am Samstagabend geschenkt. Beide freuten sich ungemein auf dieses Ereignis. Auch die Tatsache, dass das Konzert am Samstag stattfand, der sonst der Predigtvorbereitung diente, schmälerte die Freude nicht. Die ganze Arbeit wurde sorgfältig vorgezogen und erledigt. Bis zur letzten Minute schuftete der fleißige Pfarrer in seinem Amtszimmer. Dann eilte er ins Badezimmer, um sich umzuziehen. Dort hing sein schwarzer Anzug, frisch gereinigt und gebügelt. Das ausgebreitete Hemd lag über der Kommode, auch die Krawatte war zurechtgelegt. „In fünf Minuten bin ich fertig“, tröstete er seine unruhige Frau.

Alles ging wie am Schnürchen: Hemd, Schlips, Hose – und hier nun kam das Unheil. Der Reißverschluss der Hose war offensichtlich in der chemischen Reinigung beschädigt worden. Die Hose schloss sich nicht. Alles Zerren und Ziehen führte nicht zum Erfolg. Zwar sorgten Hosenträger und Bundverschluss dafür, dass die Beinkleider nicht ins Rutschen kamen, aber mit offenem Reißverschluss fühlte sich der seriöse Herr nicht ganz angezogen. Deshalb wurde kein Versuch gescheut. Die Zeit verging. Aus fünf Minuten wurde eine Viertelstunde. Schließlich schaute die Ehefrau besorgt zum Bad herein. „Wo hebt’s denn?“, rief sie (heben: süddeutsch für: hängen, aber auch für halten).

„Es hebt eben nicht“, sprach er verzweifelt und demonstrierte seine Bemühungen. Da half sie ihrem Mann beim Ziehen. Vergeblich.

Schließlich verordnete sie resolut die Einstellung der nutzlosen Versuche, jedenfalls für den Augenblick, und ordnete eine Taxifahrt in die Konzerthalle an. Dabei könne der Schließungsversuch fortgesetzt werden, und man werde wenigstens nicht zu spät kommen. Bei so guten Plätzen könne man unmöglich auffallen und andere Zuschauer stören.

Die Taxifahrt bestand für ihn aus einer Summe von Bemühungen um den Verschluss. Das Dumme war, dass man zwar beim Stehen nichts sah: Der elegante Fall der frisch gebügelten Hose und das Jackett schützten vor unerwünschten Tiefblicken. Aber beim Sitzen blitzte es doch, hielt man die Hände nicht unnatürlich, verdächtig weiß. Also suchte er immer wieder den störrischen Reißverschluss zu überlisten. Verwundert studierte der Taxichauffeur im Rückspiegel das vierhändige Bemühen der alten Leutchen.

Der unglückselige Hosenbesitzer stellte seine Hantierungen auch dann nicht ein, als er sich bereits auf dem herrlichen Platz im Parkett des Konzertsaals befand. Besonders wenn er aufstehen musste, bot sich die Gelegenheit, mit Schwung und Kraft noch einmal zu versuchen, nach oben zu ziehen, was unten bleiben wollte.

Kurz vor dem letzten Klingelzeichen betrat ein Ehepaar den Saal und zwängte sich, höflich um Durchlass bittend, durch die Reihen. Er im schwarzen Frack, sie im hellgrünen Abendkleid. Willig erhob sich noch einmal alles in der Reihe, um die Spätankömmlinge durchzulassen. Auch unser Ehepaar erhob sich. Er nicht ohne den erneuten verzweifelten Versuch einer Ziehung. Da kam die Überraschung: Der Verschluss knirschte leicht und ließ sich dann mit Schwung nach oben ziehen – doch unglücklicherweise gerade in dem Augenblick, als die Dame sich, ihm freundlich zunickend, vorbeischob.

Und da geriet doch in den Reißverschluss eine winzige Rüsche des hellgrünen Kleides. Vergeblich zog nun der Herr Pfarrer in entgegengesetzter Richtung am Verschluss. Der Stoff saß festgeklemmt in dessen Zähnen. Was vorher nicht nach oben gewollt hatte, ging jetzt nicht nach unten. Die auf so unglückliche Art Verbundenen erregten unliebsame Aufmerksamkeit. „Hinsetzen!“ zischelte es von hinten. „Nicht stehen bleiben!“

Und der Ehemann der grünen Dame rief immer wieder:

„Lisa!“ Aber Lisa zeigte keine Reaktion. Ein grau melierter Herr in der Reihe dahinter war entsetzt: Im Parkett zwei linkisch hantierende Persönlichkeiten, er an der Hose, sie am Kleid nestelnd. Zudem wurde es jetzt dunkel. Der Zweiergruppe kamen helfende Hände entgegen. Sie gehörten der Frau Pfarrer und dem Ehemann der Dame in Grün. Getuschle, mokierendes Räuspern der Nachbarn. Zu viert schob man sich schließlich zum Ausgang, er rückwärts tapsend, sie vorwärts gebogen, und hinterher die jeweils besseren Hälften. Gemeinsam ging's zur Garderobe. Dort nahm der resolute Ehemann der grünen Dame eine Nagelschere und trennte mit ihr die Verbundenen. Mit schnellen kleinen Schnitten waren sie zwar frei, aber o weh, am Hosenverschluss des Herrn Pfarrer blieb ein kleiner grüner Rest hängen. Und die Dame hatte ein interessantes Loch gleich unterhalb der Taille, durch das es jetzt weiß blitzte.

Für beide war nicht daran zu denken, den Konzertgenuss fortzusetzen. Nachdem der erste Ärger verflogen und dann in Lachen übergegangen war, und nachdem man vor allem den Schaden registriert hatte, gewann die Freude am Dasein wieder Oberhand. Das Pfarrersehepaar stellte sich dem Doktorsehepaar vor, und alle vier besiegelten ihr ungewöhnliches Bekanntwerden mit einer Flasche Sekt. Nur der Kellner wunderte sich, dass es zwei der vier Persönlichkeiten, die doch gut gekleidet waren, offensichtlich so kühl war, dass sie sich des Mantels nicht entledigten.

Aufgrund des recht aparten Unfallberichtes, den der Pfarrer später seiner Versicherung schrieb, prüfte diese den Fall wohlwollend. Sie würdigte die Tücke des Objekts und kam zu der weisen Entscheidung, dass des Pfarrers Versicherung die Kosten wohl zu übernehmen habe, auch wenn Gewaltanwendung des Arztes zu konstatieren sei. Denn, so schrieb der offenbar mit Humor gesegnete Sachbearbeiter: „Was der Pfarrer zusammengefügt hatte, durfte der Arzt mit Recht schneiden!“

Das Pferd in der Badewanne

Ein Herr geht durch eine stille Straße eines besseren Londoner Viertels. Am Eingang einer kleinen Villa sieht er, wie ein Mann sich bemüht, ein Pferd in den Hauseingang zu bugsieren. Er bleibt stehen. Nach einer Weile sagt der Mann: „Wissen Sie, wenn Sie Zeit haben, könnten Sie mir eigentlich ein bisschen helfen.“

„Aber gern!“

Sie bugsieren also zusammen das Pferd die Treppe hinauf. Als sie im ersten Stock angekommen sind, will der Herr sich verabschieden.

„Ach nein“, sagt der andere, „entschuldigen Sie vielmals, das Pferd muss nämlich noch in die Badewanne.“

Nach einer weiteren halben Stunde haben die beiden das Pferd in der Badewanne verstaut. Es legt den Kopf auf den Rand und bleckt mit den Zähnen.

Als der Herr sich verabschiedet, fragt er höflich: „Verzeihen Sie, ich möchte nicht indiskret sein, aber können Sie mir nicht verraten, warum das Pferd in die Badewanne muss?“

„Ja“, sagt der Mann. „Ich habe nämlich eine Freundin, die die Gewohnheit hat, immer nur ‚Na und?‘ zu sagen. Schenke ich ihr ein Theaterbillet, sagt sie ‚Na und?‘. Schenke ich ihr eine Rivierareise, sagt sie ‚Na und?‘. Schenke ich ihr einen Brillantring, sagt sie ‚Na und?‘.

„Schon recht, aber was hat das mit dem Pferd in der

Badewanne zu tun?" „Nun, in einer Stunde wird meine Freundin nach Hause kommen. Sie wird ins Badezimmer gehen, um sich die Hände zu waschen. Sie wird zu mir gestürzt kommen: ‚Um Himmels willen! In der Badewanne ist ein Pferd!' Und ich werde sagen „Na und?"

PETER BAMM

O weh!

Das Konzert war vorbei. Die Zeitung berichtete von den Glanztaten der bekannten Sängerin. Der Bericht schloss mit den Worten des Lokalredakteurs: „Möge diese beleibte Sängerin bald wiederkommen." Am Tag darauf berichtigte sich die Zeitung für diesen Schreibfehler und stellte klar: „Es sollte natürlich heißen: Möge diese beliebte Sängerin bald niederkommen." Danach gab es keine weiteren Berichtigungen mehr.

Mist

„Das Pferd macht den Mist in dem Stall, und obgleich der Mist Unsauberkeit und einen üblen Geruch an sich hat, so zieht doch dasselbe Pferd denselben Mist mit großer Mühe auf das Feld. Und daraus wächst der edle schöne Weizen und der edle süße Wein, der niemals so wüchse, wäre der Mist nicht da.

Nun, dein Mist, das sind deine eigenen Mängel, die du nicht beseitigen, nicht überwinden noch ablegen kannst. Die trage mit Mühe und Fleiß auf den Acker des liebreichen Willens Gottes, in rechter Gelassenheit deiner selbst. Streue deinen Mist auf dieses Feld, daraus sprießt ohne allen Zweifel edle, wonnigliche Frucht auf."

Johannes Tauler

Wort mit Leben darin

In der Zeit der Wüstenväter (im 4. bis 6. Jahrhundert) kam der wegen seiner Gefasstheit und Disziplin berühmte Bischof Ammonas in eine Ortschaft, wo ein anderer Mönch seine Zelle hatte. Dieser Mönch hatte ein schlechtes Image: Man sagte ihm zwielichtige und unkeusche Dinge nach. Und gerade, als der Bischof auf des Mönchs Behausung zusteuerte, sah er mit eigenen Augen, wie eine fremde Frau dort hineinschlüpfte. Auch die Nachbarn hatten das gesehen, und sie erzählten dem Bischof, dass dieser Mönch sie schon viele Male gereizt hatte mit seinem unmoralischen Lebensstil.

Der geistliche Bruder in der Hütte unterdessen hatte die Gefahr bemerkt, die sich ihm näherte, und er verbarg die Frau unter einem großen Waschzuber. Der eintretende Bischof überblickte kurz die karge Szene im Raum, setzte sich dann auf den Zuber und winkte die aufgebrachte Menge herein. Sie durchsuchten jeden Winkel nach der fremden Person, und als sie nichts fanden, gingen sie wieder hinaus.

Bischof Ammonas aber, als er wieder alleine war mit dem Mönch, fasste dessen Hand und sagte nur zu ihm: „Gib acht auf dich, Bruder!" Dann segnete er ihn mit dem Kreuzeszeichen und ging fort.

Diese winzige Erzählung vom Rande der Welt handelt nicht von Verharmlosung der Sünde. Auch nicht von einem Bischof, der sein Amt lässig ausübt und Fünfe grade sein lässt. Sondern sie erzählt von der geistlichen Aufgabe, für den Bruder im Glauben, zur Zeit, in der dieser es braucht, ein Wort zu haben. Gerade weil Ammonas selbst bekannt war als einer, der sein Leben beneidenswert im Griff hatte, gerade darum trägt seine kleine Hand-Reichung, sein kurzer Satz von fünf Wörtern und sein kleines Kreuzeszeichen die Majestät des Evangeliums an sich.

Richterliches Handeln ist ersetzt durch brüderliche Zuwendung. Diese aber, wenn sie innerlich klar und reif ist, kann einen Menschen – nach einem Wort des Wüstenvaters Antonius – „heilen und retten“.

Das „Bruderwort“ (Hermann Dörries), welches sich dem anderen nicht verweigert, hat öffnende Kraft. Es hat das Aroma des Erbarmens in sich, und in ihm zittert das Erinnern nach an eigene Verlorenheiten. Das Bruderwort ist kein glattes Wort, schon gar nicht ein leichtes, und wem die Wörter nur so zufließen, der hat das Bruderwort noch lange nicht.

„Schwere Wagen fahren langsam“, hat Matthias Claudius gesagt. Das meint das bedächtige Wort ebenso wie das unangenehme.

Luther hat den Zuspruch von Staupitz dazu gezählt, der ihm 1518 zur Zeit des Verhörs durch Cajetan sagte: „Sei eingedenk, Bruder, dass du dies im Namen unseres Herrn Jesus Christus angefangen hast.“ Dies ließ dem Geängsteten keinen Raum zur Flucht. Und in der Stunde der Versuchung hat Staupitz ihn ebenfalls nicht durch Mitleid geschwächt, sondern hat ihm gesagt: „Du weißt nicht, Martin, wie nützlich und nötig dir diese Versuchung ist; Gott übt dich nicht grundlos, und du wirst schon noch sehen, dass er dich zu Großem gebrauchen wird."

Diese Schule hat ihn selber geformt, und so hatte Luther auch ein Bruderwort für Spaladin, als dieser sich grämte wegen eines Ratschlages, den er gegeben hatte und der sich als ungut erwies. – Was sagt man dem Geknickten?

Luther schrieb: „Du magst schuldig sein und gesündigt haben, aber eine viel schwerere Sünde wäre es, wenn du dich durch Trauer umbrächtest. Du bist ein zu zarter Sünder. Stell dich zu uns wahren, großen Sündern, damit du uns Christus nicht verkleinerst, der ein Heiland nicht der eingebildeten und geringen, sondern der wahren und größten, ja aller Sünder ist."

Rätselhaft

Das ist für mich echt ein Lebensrätsel: Manche Menschen, für die ich besonders viel Kraft, Zeit und Bemühung aufbrachte, um ihnen zu helfen, sie zu unterstützen, sie zu schützen usw., einige solcher Menschen haben sich in einer späteren Zeit manchmal in besonderer Weise „bedankt": mit besonders starker Ablehnung, manchmal mit Feindseligkeit. Dabei gab es nach meiner Erinnerung nirgends Vorfälle, die dies verständlich machen könnten.

Man kann nun alltagspsychologisch viel vermuten, aber für mich bleibt die Sache dennoch rätselhaft – und in der Erinnerung schmerzlich.

Kirchengeschichten

Kirche, wie sie am Anfang war

„Die erste Kirche war sehr einfach. Die ganze Medizin war in der Flasche, aber die Flasche selbst hatte noch keine Bezeichnung. Es gab zum Beispiel die Christen in Rom, aber keine römische Kirche. Christen erkannten die Einsetzung von „Aufsehern" in der Gemeinde, aber es gab keine Episkopalkirche. Es gab Laienprediger, aber keine Methodisten. Alle akzeptierten die Taufe, und doch gab es keine Baptisten. Die Menschen zitterten vor dem Worte Gottes, aber es gab keine Quäker (Spottname ursprünglich und bedeutet ‚Zitterer'). Die Kirche war eine Armee des Heils, aber es gab noch keine Heilsarmee. Die Herzen der Christen waren füreinander offen, aber es gab noch keine ‚Offenen Brüder'. Kurz gesagt, alle Heiligen versammelten sich im Namen Jesu, aber niemand wagte es, sich einen sektiererischen Namen zuzulegen. Sie hatten alle Güter, aber ohne die verschiedenen Aufschriften."

Harold St. John

„Kirche“ ist mehr als „Kirche“

Ich kenne einen Ort, an dem sie vor einigen Jahren die Dorfkirche einem anderen Verwendungszweck zugeführt haben. Der neue Eigentümer hat das nötige Geld, den Bau zu erhalten, das Dach neu zu decken, den Putz zu erneuern. So steht die Kirche heute wieder gut da, sieht ganz aus wie eine Kirche, wird auch noch Kirche genannt, sie erfüllt nur nicht mehr ihren Zweck.

Und das steckt nicht wenigen Menschen wie ein Stachel in – ja, wo eigentlich? In unausgesprochenen Gefühlen, im Gemüt, in der Körperhaltung. Viele spüren es, manche sagen es, auch gegen alle wirtschaftlichen Zurechtweisungen: Hier stimmt etwas nicht. Warum ist das so?

Kirche ist, hat F. Steffensky mal so ähnlich geäußert, ein Vieles in einem. Sie ist nicht nur eines: Gebäude oder Organisation oder Vereinbarung von Gleichgesinnten. Kirche ist auch Gedanke Gottes, sind Menschen, welche in Christus zu einem Leib verbunden sind, sind Lebens- und Glaubensgeschichten der Generationen, sind Zusammengehörigkeiten, die aus dem Geist Gottes stammen und die tiefer gehen als Neigungen, Stile und Paragrafen.

Darum, vermute ich, spüren wir Schmerz, wenn in diesem Bereich Gewalt geschieht, egal welcher Art. Zum Beispiel wenn im Raum der Kirche Beschämungen geschehen im Miteinander, sei es durch grobe Etikettierungen oder auch nur durch voreiligen Rat. Wir spüren das – manchmal nicht sofort, aber wir spüren das.

Schon die Wüstenväter haben darauf aufmerksam gemacht, dass Herabsetzungen eines anderen Menschen, zumal eines Christen – sei es durch Beschimpfung, durch Geschenke oder auch nur durch Belehrungen – Eingriffe,

Hinein-Griffe sein können, die einem chirurgischen Laien nicht zustehen.

Unter Berufung auf Jakobus 3,1 sagt Abbas Poimen: „Den Nächsten belehren ist das Gleiche wie ihn anklagen.“ Damit ist auch gemeint, einen anderen Menschen nicht bloß zu stellen als Nix-Blicker, als Irrenden, als Schwachen und ihn so nicht abhängig zu machen von fremden Wertungen, sondern ihn seinen Weg finden lassen.

Dazu gehört allerdings das Vertrauen, dass Gott seinen Weg mit uns geht. Dass er das angefangene Werk nicht unvollendet lässt. Dass Golgatha kein schüchterner Prototyp war, sondern dass Gott dort ganze Sache gemacht hat. Und nun bringt er uns auch durch und heim.

Das wollen wir füreinander glauben. Darum war Segnen immer so gut in der Kirche Jesu Christi. „Benedicere“ auf Lateinisch. „Bene“ heißt gut, „dicere“ heißt sagen, Gutes sagen zu und über einen anderen, ihm die Güte Gottes zusagen und glauben. So macht es Gott auch, wenn er segnet.

Lebendige Kirche

Nafets

In der Kirchengemeinde hat ein neuer Zivi angefangen. Eine seiner Aufgaben: Dienstags, wenn der Frauenkreis tagt, muss er die alte Ölheizung im Keller anwerfen, damit der Gemeindesaal warm wird. Am ersten Dienstag machen wir's gemeinsam.

Am zweiten Dienstag hat er es vergessen. Die Frauen sind grantig und tagen in Mänteln.

Am dritten Dienstag ruft die Leiterin des Frauenkreises im Pfarramt an: „Der Zivi soll nicht vergessen, die Heizung anzustellen." Ich vergaß es ihm zu sagen. So hat er es auch vergessen. Darauf braut sich im Frauenkreis ein Gewitter zusammen: „Diieser Zivi ..."

Der Sympathielack ist bereits ab. Unter der Woche sprechen der Zivi und ich immer wieder vom Frauenkreis, um für dienstags fit zu werden. Aber als der Dienstagabend gekommen war ... Nein, der Zivi hatte es nicht erneut vergessen. Es war ihm nur zu spät eingefallen.

Die fünf Minuten vor Beginn der Veranstaltung machten den Raum nur mäßig warm. Immerhin konnte er der empörten Verantwortlichen versichern: „Ich habe doch die Heizung eingeschaltet!" Er zeigte ihr im Keller sogar die funktionierende Anlage mit dem roten Lämpchen: „Betriebsbereit!" –

Aber als er dem Zugriff der Frauen entkommen war, stellte er sich vor der Haustüre des Gemeindehauses auf, wartete, bis die Tür gnädig ins Schloss gefallen war, und brüllte seine Not aus vollem Hals in den nächtlichen Januarhimmel: „Sch... Frauenkreis."

Doch auch dieser Ruf hat seinem Verhältnis zu den Frauen nicht wesentlich weiter geholfen ...

„Schön“

Ich lag im Krankenhaus. Noch benommen von einer heftigen OP. Da rief mich ein Kollege an. Er war ein sozialer Mensch, mit Herz für den Einzelnen. Das Zuhören war ihm immer besonders wichtig gewesen. Und er hatte andere oft ermahnt, es mit dem Zuhören ernster zu nehmen. „Man muss gut hinhören“, vertrat er oft, „damit Menschen sich öffnen können.“

Ich lag also im Klinikbett, und er rief an.

Er fragte: „Haben Sie die schwere OP gut überstanden?“

Ich: „Ja, soweit schon. Ich habe allerdings noch starke Schmerzen.“

Er: „Schön.“

Wie war das möglich?

Eine Handvoll Spanier und Portugiesen eroberten und kolonialisierten Südamerika. Eine Handvoll Rothemden schufen die Sowjetunion. Eine Handvoll Braunhemden rissen Deutschland an sich. Und 1967/68 rief ein so genannter Studentenführer namens Rudi Dutschke zum „langen Marsch“ durch die Institutionen auf, und dann ging „ein Induktionsstrom“ (Klaus Rainer Röhl, Herausgeber von „konkret“ und Ehemann von Ulrike Meinhof) durch die Gesellschaft, der selbst die Gegner verwandelte. Eine Handvoll junger Leute, eine „Clique“, keineswegs eine Generation, (FOCUS, 01.08.2005, S. 49), ein Rudel, welches „auf eine mobilisierbare Masse von ungefähr 10.000 Leuten zurückgreifen konnte“ (Heinz Bude), löste jenen „Kulturbruch und Mentalitätswandel“ (Jürgen Busche) aus, der zur „Zerstörung der

Gesellschaft“ und zum „Abbau aller Wertbegriffe“ (Klaus Rainer Röhl) führte. „Was die so genannten 68er abschaffen wollten, war eindeutig: Die Familie, den Parlamentarismus, Eliten, die bürgerlichen Konventionen vom ‚Sie‘ bis zum Talar, die Sekundärtugenden und natürlich das alte Bildungs- und Erziehungssystem. Und sie sind durchaus weit gekommen.“ (Klondowsky / Scheerer).

Wie war das möglich?

Ich habe als verträumter Student Anfang der 70er Jahre gestaunt, mit welch einer Rigorosität Spartacus-Leute in Tübingen Andersdenkenden den Strom der Mikro-Anlage abdrehten: welch eine infizierende Macht der Chaos-Gedanke war und wie er hoch subventionierte Studentenwohnheime in Kloaken verwandeln durfte. Die Polizei war terminologisch der Gestapo gleichgestellt. Mao, welcher ca. 65 Millionen Menschen über die Klinge springen ließ, galt als makellos.

Wie konnten Wortführer, die solche Dinge sagten, Karriere machen und schließlich regieren? Ich war immer mit genug Menschen zusammen, die das alles für anstößig und abwegig hielten. Waren wir nicht immer in der Mehrheit? Wie hat sich der gesellschaftliche Wandel dennoch ereignen können, dem die Gesetzgebung in unserem Land dann ja nur folgte – die weitgehende Akzeptanz der Abtreibung, die Homo-Ehe, ein Antidiskriminierungsgesetz und vieles andere.

Anders gefragt: Könnte sich solch eine Revolution nicht auch zum Guten hin „ereignen lassen“, zur Gewinnung unseres Landes für die Sache des Reiches Gottes? Kann man nicht jene mobilisieren, die mehr sind als SDS (Sozialistischer Deutscher Studentenbund) und Konsorten je waren? Sollten wir nicht auch, wie einer sagte, – *„wie einst die 68er – ab-*

sichtsvoll und strategisch den langen Marsch durch die Institutionen antreten. Damit neues Leben in verkrustete Strukturen und entleerte Traditionen einziehen kann."

Ich weiß nicht recht. Es scheint mir so, als liegen Helmut Claß, Luther u. a. der Sache näher, wenn sie meinen, der „arme Jesus schaffe durch arme Knechte eine arme Kirche". Sie meinen damit, am Werden und Bleiben der Kirche Jesu Christi wirke sich ein Geheimnis aus, dem kein homo-faber-Geist gleichkommen kann? Als einer, der unter dem Verdunsten des Glaubens und an leeren Kirchenbänken zu leiden vermag, ist mir das Tasten und Suchen nach einem Weck-Weg in unserem Land ein großes Anliegen – so wie eine Furcht auch da ist, dass wir Scheinblüten züchten und erneut mit Verchristlichung zufrieden sind statt mit Leben aus dem Geist Gottes.

Raum

Für Christen-Gemeinden aller Art in der Welt gibt es auch Gemeinde-Räume aller Art in der Welt. Christen finden sich weltweit in allen möglichen Behausungen: in Garagen, in Kellern, in Laubhütten, in Wohnzimmern, in Kinos usw. Wer das je gesehen und erlebt hat, der wird staunen, dass eine bestimmte Form von Frömmigkeit in unserem Land Kirchen gebaut hat – Kirchengebäude mit Langhaus, Chorraum und Turm. Soweit ich weiß, hat kein Land der Welt so viele Kirchengebäude wie Deutschland. Angesichts steigender Unterhaltskosten und sinkender Finanzmittel werden aber manche davon nun zum Problem. „Unwirtschaftlich" zu sein, ist in einer materiell ausgerichteten Gesellschaft schon fast ein

Todesurteil. Die Frage wird gestellt: Wozu braucht man noch eine Kirche?

Ich möchte ein paar Sätze lang anders fragen: Warum verlieren wir mehr als ein paar Immobilien, wenn wir unsere Kirchen aufgeben?

- In der Geschichte unseres Landes ist ein Ahnen tiefer verankert als uns bewusst ist: Das ist ein „Haus Gottes“. Ganz unabhängig vom jeweiligen Verwalter des Gebäudes (Mesner, Pfarrer) ist seit vielen Generationen ein Wissen in uns: Dieses Haus hat mit Gott zu tun. Darum wehren sich gegen deren Schließung sehr oft auch Menschen, die selbst schon seit langem keinen Gottesdienst mehr besuchen.

- Dieses Haus, die Kirche, beherbergt Themen, die unsere Gesellschaft weitgehend aufgegeben hat, von denen wir aber nicht lassen können, weil unser Leben ein Recht darauf hat: Wo komme ich her, und wo gehe ich hin? Was wird mit der Schuld? Worauf ist mein Leben angelegt? Was ist mit Gott, mit Leid, mit Gerechtigkeit, mit Lebensgrenzen? Haben wir eine Bestimmung? Was ist mit unserer Sehnsucht, die nach Heinrich Böll „ein Gottesbeweis“ ist?
  Und eine Kirche spricht von Jesus, dem Weg zu Gott.

- Glaube, der leben will, braucht eine Form, in der er sich von innen nach außen gibt (F. Steffensky). Seele äußert sich auch leiblich, sie ist nicht nur innerlich. So sind die großen Lieder, Gesten und Bekenntnisse der Christenheit entstanden. Und nachdem sie geworden

sind, halten sie den Glauben wiederum: von außen nach innen.
Viele Kirchen sind aus Glauben entstanden. Ich denke an das kleine Kirchlein von Monstein, einem Bergdorf bei Davos. Um es bauen zu können, haben die Bergbauern zwei ganze Sommer lang das lebenswichtige Gras von ihren Steilhängen geopfert, ein hoher Preis. Aber sie brauchten diesen Raum für Gott. Und nun, da sie geworden sind, diese Kirchenräume, geben sie den Glaubenden von ihrem Wesen zurück. Der Raum wirkt sich aus. Was einmal aus Ehrfurcht vor Gott entstanden ist, gibt selbst einem säkularisierten Menschen von heute ein, leise zu sprechen, langsam zu machen, den Hut abzunehmen, zu schauen, zu sitzen, zu hören, wenn er eine alte Kirche betritt.

- In einer deutschen Stadt wurde eine Privatklinik für geistig Behinderte aufgegeben. Sie sollte abgebrochen werden. Ein paar Tage, bevor die Abrissbirne und die Presslufthämmer anrückten, überließ man das Gebäude einem Künstler. Er besprühte die Innenwände mit einer Silikonmasse, wie man sie für Formabgüsse verwendet. „Diese Wände“, sagte er, „haben Unsägliches gesehen und gehört: Schreie der Not und der Befreiung, das Lallen und Stammeln verworrenen Bewusstseins, furchtbare Alpträume und Jauchzer unartikulierten Glücks. Das kann nicht spurlos verhallen“, meinte er, „davon müssen Abdrücke zurück bleiben, Narben, Risse, Abschürfungen im Putz der Wände.“ – Was hat sich dann erst in einer alten Kirche gesammelt an Eindrücken?

Ich stehe fast täglich in einem 800 Jahre alten Kirchenraum. Welche Schicksale sind hier anwesend gewesen – bei Hochzeiten, bei Taufen, hinter einem Sarg her, zum Erntedank, zur heißen Bitte um Schonung im Krieg oder vor Krankheit! Und wie lange muss die Reihe derer sein, die hier durch den Mittelgang nach vorne gekommen sind zum Altar, die die Hände ausgestreckt haben, um Brot und Wein zu erfassen, um das alte, immer gleiche, eben in diesem Raum gewährleistete Wort zu hören: „Im Namen Jesu Christi, dir sind deine Sünden vergeben"? So etwas gibt Abdrücke in einem Raum, glaube ich – und wirkt zurück, indem der Raum zu uns redet und eine Geschichte bezeugt. Und weil er das tut, können wir auch schweigen in einer Kirche. Wir müssen ihn nicht mit Worten füllen, so sehr er selber auch überaus empfänglich ist für ein Wort: ein Wort von Gott.

Was gibt mir eine Kirche noch?

- In einem Kirchenraum ergibt sich m. E. leichter als anderswo ein Beten. Ich behaupte ja nicht, dass Beten nur hier möglich ist, aber wird es nicht in diesem Raum begünstigt, ja fast angeschoben? Ich kenne nicht viele andere Räume, die dies so gut können wie eine Kirche: die stille Einladung zum Gebet spüren lassen. – Vielleicht bewahren solche alten Mauern eine Widmung aus Generationen, die vor uns schon gebetet haben.

- Eine Kirche vermittelt stärker als fast alle anderen Räume: Ich bin mir nicht das letzte Wort – es gibt ein höheres. Mein Leben verlangt nicht nur die Wiederholung dessen, was ich in mir habe und kenne – ich brauche auch das andere, das von außen Kommende, Fremde, Höhere. Es gibt mehr als Machen; es gibt auch Aufnehmen, Warten, Vorläufigkeit, Schweigen. Das Leben ist größer ... und nicht einfangbar in Rezepte und Kategorien. Es gibt auch Unsagbares, nur im Vertrauen Erfassbares, Geheimnis.

- Und noch einmal: Wie kein anderes Gebäude verbindet mich eine Kirche mit den Generationen, von denen ich den Glauben gesagt bekommen habe. Mit den Frauen und Männern, die das Evangelium weiter gelesen haben, bis es zu mir gekommen ist. Mit den Anbetenden und Singenden aus strom- und motorlosen Zeiten, in welchen die Informationen weniger und das Lebenswissen größer gewesen ist. Es ist doch seltsam: Und immer noch singt man dort, in der Kirche, Lieder jener Menschen, die ein viel schwereres Leben gehabt haben als wir heute und doch Geborgene geblieben sind.

Betberg

Familie

Verpeilt

Mama hat viel um die Ohren. Zu allem anderen ist heute auch noch ein Arzttermin. Sie fährt zum Orthopäden und lässt sich untersuchen. Der Vormittag ist weg. Beim Mittagessen hält sie auf einmal entsetzt inne: „Ich glaube, jetzt habe ich was verwechselt. Ich hatte heute mit dem Hund einen Termin beim Tierarzt. Stattdessen war ich selber beim Orthopäden. Na ja, wenigstens habe ich dorthin den Hund nicht mitgenommen."

Schlüsselwort

Mama hat der kleinen Friederike aufgetragen, etwas einzukaufen. Nicht viel. Ein Brot halt beim Bäcker. Rike ging erstmals allein und war von Mama vorbereitet auf folgenden Ablauf: „Wenn die Verkäuferin zu dir sagt ‚Was darf's sein?' – dann sagst du: ‚Ein Schwarzbrot'."

Rike, etwa fünf Jahre alt, stand im Laden. Die Kunden kamen und gingen. Niemand beachtete sie oder fragte sie gar „Was darf's sein?". So wartete sie. So wartete sie lange. Einmal fragte die Verkäuferin: „Na, Kleines, wie geht's?" Einmal sogar: „Willst Du ein Bonbon?" Aber Rike war pflichtbewusst. Sie wartete auf nichts anderes als auf das entscheidende Stichwort: „Was darf's sein?" Und als das einfach nicht kam, ging sie ohne Brot wieder heim.

Pass-Bild

Heiner will einen Pass beantragen. Er bringt ein Bild mit, wie vorgeschrieben. Ein Bild mit Kurzhaarschnitt, zwei Jahre alt. Mittlerweile sind ihm aber längere Haare gewachsen. Grund genug für die Pass-Frau, ihn wieder fortzuschicken, weil das Foto nicht „passt". Heiner geht zur Schnellschuss-Fotobox ums Eck. Zurück bringt er dieses Foto (s.u.) und sagt: „Jetzt passt's, gell?"

Rache

Weil ihn die Bundesbahn schlecht behandelt hatte mit einer Fahrkarte, beschloss einer der Söhne, zusammen mit seinem Freund ein paar Schilder am Bahnhof abzumontieren. Mit Werkzeug bewaffnet zogen sie los: Schilder ab und ins Gebüsch damit. Ein paar Schilder wollten sie auch behalten. Nach getaner Abschraub-Arbeit wurden die beiden Handwerker allerdings müde und setzten sich zum Schwätzen nieder. Gleich neben die schilderlosen Gestänge. Weil es schon Nacht war, hörte sie ein Anwohner und sah nach. Die beiden flohen panikartig und ließen in der ersten Angst die Schilder liegen.

Noch einmal schlichen sie heran, um dieses Mal dann das Handwerkszeug zu vergessen.

So und mithilfe der örtlichen Bewegungsmelder, welche ihren Fluchtweg anzeigten, kam ihnen die Polizei dann doch auf die Spur ... und nun hängen die Schilder wieder.

Sprachschatz

Enkel Nathanael ist zwei Jahre alt. Mit dem flüssigen Sprechen ist das noch so eine Sache. Aber seinen täglich neu erworbenen Wortschatz setzt er auch ein. Zum Beispiel, was er aus dem neuesten Petterson-Bilderbuch weiß.

Seit kurzem ist Mama wieder schwanger. In wenigen Monaten soll Nathanael ein Geschwisterchen bekommen.

Fragt Mama ihn: „Was soll es denn werden – ein Bub oder ein Mädchen?"

Nathanel kennt beides noch nicht so richtig. Darum antwortet er mit etwas, das er aus „Petterson“ kennt: „Wildschein.“

Nathanael, 2 Jahre

Umgang färbt ab

Enkel Silas, zweieinhalb Jahre. Kurz vor dem Zubettgehen beschließt er: „Jetzt hol ich mir noch ein Bier, dann schaff ich heut nix mehr.“

Wichtiger Zusatz: Vom Opa hat er das nicht!

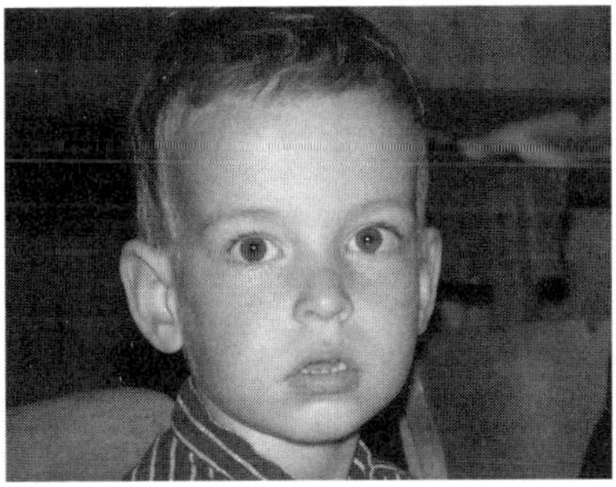

Silas

Steckenbleiben

Steckenbleiben ist notwendige Lebenserfahrung. Die Erfahrung, dass es nicht weiter geht, weder vorwärts noch rückwärts, ist gut für Charakter und Persönlichkeit. Unter dieser grundsätzlichen Bejahung will ich auch jene Minuten sehen, die mich in der Erinnerung noch heute anrühren:

Im Urlaub war ich mit der Familie im Erlebnispark. Junges Volk, wohin man schaute, und viel Geschrei. Eine Attraktion war: Wer will, besteigt mit voller Kleidung einen hohen Turm, schlüpft an höchster Stelle und vor den Augen von tausend Zuschauern (mindestens!) in einen großen Plastiksack, setzt sich dann auf eine Wasser-Rutsche und fetzt in Serpentinen in die Tiefe. Wer will. Ich wollte nicht. Zumal auf einem Hinweisschild stand: „Der Plastiksack schützt vor dem Nasswerden.“ Aha, sehr nass ... Nichts für mich also.

Aber die Familie schob mich die Treppe hinauf zur Rutsche. Der Andrang war riesengroß. Ich war bei den Älteren, verhalten gesagt. Dann kam ich dran. Als ich oben war, wäre ich gerne heimgegangen, aber ermunternde Rufe aus der Tiefe hielten mich fest. Es gab kein Zurück. So bestieg auch ich einen Sack, sprang kühn in die Rutschbahn hinein – und blieb nach zwei Metern wie angeklebt sitzen. Mitten im Gefälle. Was war das denn? Der Sack fuhr einfach nicht weiter. Ich schob mich an mit Händen und Füßen, oben wollten ja die nächsten Kids nachkommen! Und ich saß da wie angeschraubt. Von oben sah ich wieder das Hinweisschild: „Der Plastiksack schützt vor dem Nasswerden.“ Aber das war gelogen. Denn das nachfließende Wasser hatte sich entschlossen, meinen Sack von innen zu füllen. Ich war so was von nass! Und weil es mit dem besten Willen nicht mehr nach unten ging, musste ich mich elend und jämmerlich wieder nach oben schieben. Rückwärts. Mit vollem Sack. In dieser Phase hatte ich die Liebe des gesamten Erlebnisparks hinter mir. Unglaublich viel gute Ratschläge kamen aus der Tiefe. Und als ich es endlich, endlich geschafft hatte, wieder oben zu sein, da hatte wohl jeder Verständnis, dass ich den Plastiksack verächtlich in die Tiefe warf. Richtung Hinweisschild.

Weihnachten

Wir singen im Gottesdienst: „In Excelsis Deo" –

Heiner fragt: „Was singet die da dauernd? ‚In dem Gsells isch Deo'?"

(Gsells = schwäbisch und meint „Marmelade)

Vor der Bescherung sagt Heiner, er habe heute noch ein Gedicht gelernt, ob er es aufsagen dürfe. Der Familienrat stimmt erfreut zu. Heiner steht auf und rezitiert:

Weihnachten bei armen Leuten

Alle Kinder schauen stumm
auf dem leeren Tisch herum.
Da lässt der Vater einen krachen,
und alle Kinder müssen lachen.
So kann man auch mit kleinen Sachen
Kindern eine Freude machen.

Bescherung

An Heiligabend übergibt jedes Familienmitglied seinen Angehörigen seine Geschenke.

Simeon zu Papa: „Bei dir isch mir leider nix eigfalla.“

Hanns zu Simeon, als er sein Geschenk erhält: „Oh, danke! Da hast du dir aber echt Mühe gemacht! Vielen Dank!“

Sime grinst und schweigt.

Nach einer Minute sagt Hanns: „Das ist doch das, was ich dir letztes Jahr zu Weihnachten geschenkt habe!“

Kirchenjahrskenntnisse

Das so genannte Kirchenjahr ist eine besondere Weise der Zeitgliederung. Es beherbergt die großen Inhalte der Geschichte Gottes mit den Menschen. Jeder Sonntag hat ein eigenes Thema, dem auch die Predigttexte in den Kirchen zugeordnet sind. Und das Kirchenjahr teilt das Jahr in Zonen, die der Einstimmung dienen: die Adventszeit, die Passionszeit u. a. Aber die allgemeine Kenntnis vom Kirchenjahr ist in unserer Bevölkerung in der Regel auf den Wissenstand über Kaulquappen und Blindfische zurückgegangen.

Das ist mitunter auch bei Pfarrerskindern so. Als am Sonntag Sexagesimä (Anfang Februar) die Freundin des Hauses zu Besuch ist, Gesine, und als der Pfarrersohn um die Lesung der Tageslosung gebeten wird, dann hört sich das so an: „Also, heute ist der Sonntag Sexygesine …“

Sven, der Kirchenjahrsexperte

Bibelkenntnis

Man kann nicht alles wissen. Hauptsache, man weiß, wen oder wo man fragen kann, wenn es darauf ankommt.

Ein Mann aus der Gemeinde ist mit einem Problem beschäftigt. Beim Verlassen des Gottesdienstes fragt er beim Handschlag: „Herr Pfarrer, wenn Sie gerade so vor mir stehen: Wo steht nochmal das Gleichnis von der blutrünstigen Frau?“ (Vgl. Mk 5,21-34)

Ähnlich ein Konfirmand: Auf die Frage, wo in der Bibel etwas steht von Hungersnöten und Gottes Bewahrung, antwortet er: „Im Gleichnis von den sieben fetten und mageren Jungfrauen.“

Der Tonfall

Man kann manche Empfindungen durch Tonfall unterstreichen. Mitleid, zum Beispiel. Wenn man am Telefon von einem Unglück hört, wirkt es viel Anteil nehmender, wenn man seiner Betroffenheit ein wenig Melodie mitgibt: „Ach, nein!" – in einer Quart (vier Töne) von oben nach unten gesprochen.

Oder ein Überraschungsruf wie „Waaas?": Den kann man fast eine Oktav (acht Töne) von unten nach oben ziehen. Ganz extreme Gefühlsausdrücke, solche des Horrors und des puren Entsetzens, etwa bei einem Weltuntergang, gehen sogar zuerst nach oben – eine Quint etwa (fünf Töne) – um dann brutal nach unten abzustürzen – eine Oktav oder mehr. Das ist etwas ganz Besonderes. Das ist die sogenannte Katastrophen-Tonart. Sie ist unter anderem Bestandteil der Lehrlingsausbildung bei Automechanikern. Der Lehrling muss lernen, sie beim Öffnen einer Motorhaube selbstständig anzustimmen.

Einmal kam ein Computer-Fachmann zu uns nach Hause. Er war gerufen worden, um unseren Familien-PC zu reparieren. Was er nicht ahnte: Vor ihm hatten sich schon die Naturtalente aus unserer Familie um Heilung des Gerätes bemüht. Der Techniker schraubte die Abdeckung auf, und dann ging alles blitzschnell. Was er dort sah, ließ ihn zurücksinken, um Luft ringen, und dann kam der Ausruf in Katastrophen-Tonart: „Um Gottes willen!".

– Er war wahrscheinlich ein frommer Mensch und früher Automechaniker.

Begnadete PC-Ingenieure

Der Handel

Heiner hat das neueste Notebook bei ALDI entdeckt. Darauf erging quer durch die Wohnung folgender Wortwechsel:

Heiner: „Mama, kannst du mir 990 Euro leihen?"

Mama: „Für was denn?!"

Heiner: „Fürs Notebook von ALDI."

Mama (wie immer voll informiert): „Das kostet doch 999 Euro."

Heiner: „9 Euro hab' ich selber."

Anrufbeantworter

„Hier ist Pfarrerin Meier. Ich bin leider Religionslehrerin ihres Sohnes Simeon. Er macht mir jede Stunde kaputt. Und ich muss mal mit Ihnen als Eltern reden, wie es weitergehen soll." „Zwischenstand acht Wochen vor dem Zeugnis: Reli 5, eher 6."

(Die Klassenlehrerin)

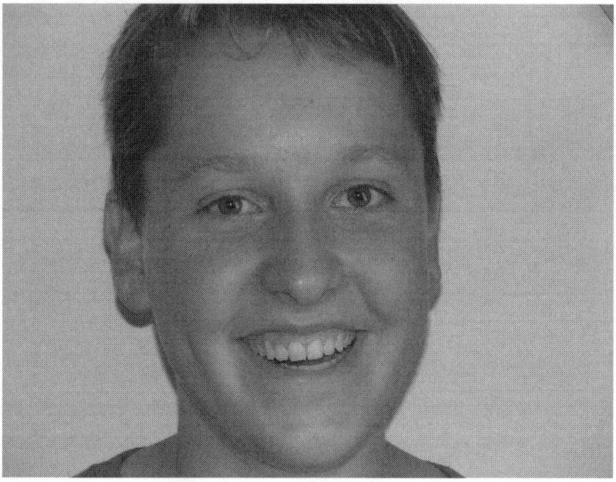

„Leider ..." (s.o.)

Spätes Geständnis

Simeon fragt so nebenbei beim Mittagessen: „Mama, könnet sich Tiere eigentlich auch den Schwanz brechen?" Der Familienrat ist uneins und „verschwätzt" (zerredet) das Thema.

In den Wochen und Monaten darauf fällt uns nur auf, dass der Schwanz unseres Alt-Hundes Lumpi im Ausläuferteil einen bisher nie beobachteten Seiten-Drall hat. War das schon immer so? Keiner weiß es.

Drei Jahre später rückt Sime raus mit der Sprache: Er hat damals Inliner-Fahren im Hausflur geübt. Der Hund lag quer im Flur. Sime wollte drüber springen ... und eine Landung geriet zu kurz. Seit diesem Tag beschäftigte ihn eine bestimmte Frage – siehe oben.

Angekommen

Nach dem Wechsel von Bad Liebenzell nach Betberg hat Sime Eingewöhnungsschwierigkeiten. Kaum Gleichaltrige, die alten Freunde fehlen ...

Eines Tages kommt er heim – schlammbedeckt. Was ist passiert?

Er schildert im Tonfall eines Unternehmers, der gerade eben einen großen Geschäftsgewinn gemacht hat: „I bin beim Nochbar mit dem Fahrrad en d'Sickergrub nontergfahre, dort onda uff en Dreckbolla druff und no hot's me neibätscht".

Stimme und Körpersprache sagen dabei: Das war ein Klasse-Tag.

Väterlicher Eindruck: Er hat sich eingewöhnt.

Sime

Der Wechsel der Schule war vollzogen. Simeon, zwölf Jahre alt, versucht sich am neuen Ort einzugewöhnen. Nach einigen Wochen fragte ich ihn am Küchentisch:

„Wie gohts in dr Schul?“

Antwort: „♎♈⧫♋♏♓.“

„Ja, hosch Schwierigkeita?“

Antwort: „♎♈⧫♋♏♓.“

„Hosch ao scho Strofarbeita kriagt?“

Antwort: „♎♈⧫♋♏♓“

„Wieviel?“

Antwort: „Abgrondet 20.“

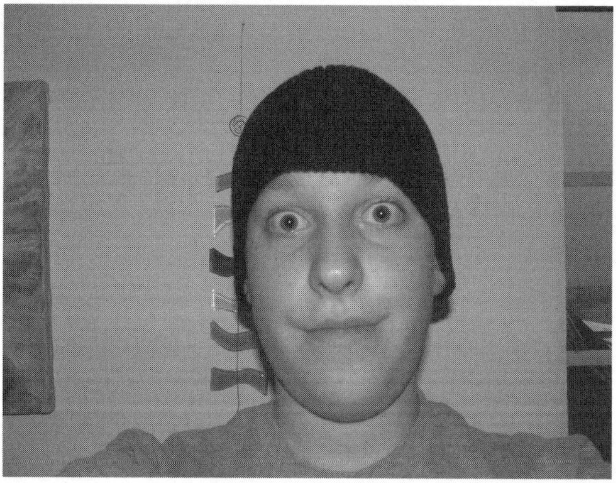

Sime

Eisbrecher

In einem Gottesdienst sind manchmal Eisbrecher wichtig: eine etwas andere Art, einander zu begrüßen, ein Gag usw.

Diesmal haben wir uns ausgedacht, einzelne Gottesdienstbesucher beim Hereinkommen in die Kirche zu fotografieren und gerade diese Leute ein paar Minuten später über den Beamer auf der Leinwand zu zeigen und sie besonders zu erwähnen: „Und wir begrüßen herzlich Herrn Sowieso, der sich heute Abend auch frei gemacht hat, um bei uns zu sein …"

Weil alle anderen mit der Technik, der Band, dem Anspiel usw. beschäftigt sind, übernimmt Heiner die Aktion „Fotografieren". Er hat wie meist eine besondere Idee. Die Leute einfach so zu knipsen, etwa von der Empore herunter oder per Zoom, das ist ihm zu simpel. Er legt sich unter die hinterste Kirchenbank und verrichtet von dort aus sein Werk. –

Zehn Minuten später beginnt der Gottesdienst. Hanns, der ältere Bruder, hat die Moderation übernommen. Er ist gleichzeitig Vorsänger der Musikgruppe und hat deshalb die Gitarre schon umgehängt. Die Begrüßung beginnt. Hanns grüßt die „Promis", die auf der Leinwand erscheinen: „Wir grüßen herzlich auch Herrn Sowieso … usw." – siehe oben. Schon einige Bilder hat er gut gelaunt präsentiert. Da plötzlich, während gerade ein neues Foto aufzieht, reißt ihm eine Gitarrensaite. „Wir begrüßen auch sehr herzlich …", hört man noch, dann verschwindet er mit einem gemurmelten „Moment bitte" auf der anderen Altarseite und beginnt fieberhaft seine Gitarre zu reparieren.

Das letztgenannte Bild bleibt inzwischen stehen – ohne Moderation kein Bildwechsel. Auf der Leinwand aber steht jetzt ein fulminantes Foto: Die Gottesdienstbesucher sehen einen riesigen Busen, über welchem, ganz klein nur noch, die Nasenspitze seiner Besitzerin heraus schaut. „Wir begrüßen herzlich …“ und dann bleibt der Busen im Bild, eine lange, gitarrensaitenwechselnde Ewigkeit lang, während sich im Kirchenraum eine durchaus helle und behagliche Heiterkeit einstellt. Der Eisbrecher war wieder einmal voll geglückt.

Wie das Bild entstand? Es war die Perspektive der Digitalkamera von unter der Kirchenbank her. Heiner hatte rechtzeitig den Auslöser gedrückt, aber die kleine Zeitverzögerung der Digicam hatte mitgespielt und neue, verzerrte Perspektiven ergeben.

Das schale Geschenk

Es ist wieder Weihnachten. Der monatelange Widerstand gegen alle weihnachtlichen Schenkzwänge schmilzt in den letzten Stunden vor der Bescherung dahin wie Butter auf der heißen Herdplatte.

Da machte sich auf auch Sime (Simeon), darum dass er der Bruder seiner Geschwister war. Mit entschlossener Hand und knappem Taschengeld hat er seiner Schwester einen Schal gekauft, nach seinem Geschmack. Betonung auf „seinem“.

Mama, die den Kauf begutachtet, sagt nur: „Potthässlich. Den zieht die Doro niemals an!“

Aber jetzt gibt's kein Zurück mehr: Gekauft ist gekauft, und für noch anderes reicht das Taschengeld nicht. –

Die Bescherung kommt. Doro empfängt staunend das große, gewurstelte Packpapier.

„Das ist für dich", sagt Sime, nicht ohne dass seine Stimme eine kleine Unsicherheit erkennen lässt.

Doro ist ganz überrascht über dieses vom Umfang her „richtig ordentliche" Geschenk. Sie bewundert extra die rustikale Verpackung: „Und du hast es sogar noch selber eingepackt", sagt sie anerkennend.

„Ja", sagt Sime, „damit man's nicht so sieht."

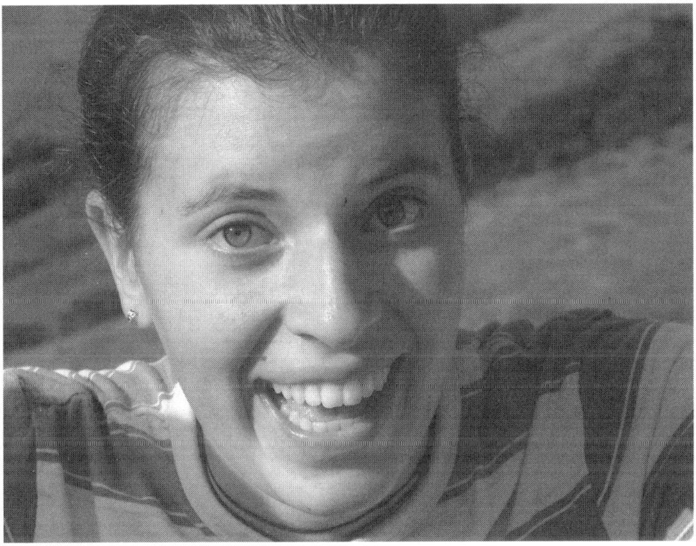

Doro

Berufswunsch

Als Bub mit ungefähr drei Jahren war sich Hanns schon völlig klar darüber, wie sein Leben einmal verlaufen solle – und wie sein beruflicher Werdegang sei. Nämlich so: „Erst Bub ... dann Mann ... dann Pfarrer."

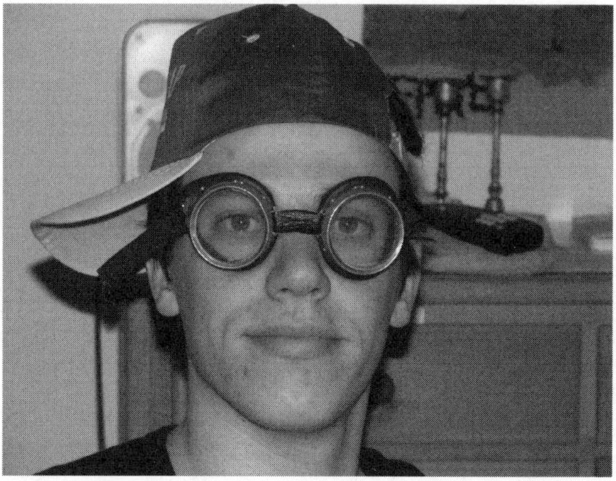

Man sieht's: Aus ihm wird mal ein Pfarrer

Der arme Hund

Enkel Louis (13 Monate) hält alle Tiere für „Wauwau".

Am Sonntag schiebt seine Mutter ein Brathähnchen in den Backofen. Durch die Scheibe sieht man es brutzeln.

Louis sitzt davor und stellt fest: „Wauwau."

Ein gewichtiges Wort

Benni steht am Fenster und schaut hinaus in die Natur, die Hände in die Hosentaschen gestopft. Er denkt nach.

Tief.

Plötzlich sagt er: „Ach, nein!“

Sein Bruder Sime schaut hoch von seiner Lektüre und fragt: „Isch was passiert?“

„Nöö.“

„Warum sagsch dann ‚Ach, nein‘?“

„Mir isch grad nix anders eigfalle.“

Frieder Benjamin

SCHLUSS

Nichts bleibt so wie Liebe

Das zählt ebenfalls zu den seltsamen und mir eindrücklichen Erfahrungen: Nichts bleibt im Gedächtnis der Menschen so stark bewahrt wie die Erinnerung, was einer für ein Mensch gewesen ist. Nicht was einer geleistet hat, bleibt wichtig. Nicht was er errungen, aufgebaut oder durchgesetzt hat – sondern ob er gut war zu den Menschen.

Ich habe in den Jahren Abschiedsfeiern verschiedenster Art miterlebt. Pompöse, aufgeblasene, kostspielige, inszenierte, und jede Menge solcher, die durchsetzt waren mit schwülstigen und unehrlichen Worten. Auch manche christlichen Verabschiedungen waren so. Etliche waren, wenn man die Hintergründe wusste, die reinsten Orgien der Unwahrhaftigkeit.

Ein paar Abschiede aber waren anders. Die Personen dabei waren keine Machtmenschen. Es waren Mitarbeiter, deren Schwächen jeder gekannt hat und die selbst darüber lachen konnten. Es waren Leute, die verzeihen konnten. Denen der Friede untereinander ein geistliches Anliegen war, nicht bloß Harmoniebedürfnis. Es waren Mitarbeiter, die schon mal schuldig geworden waren und die auch dazu standen. Leute, die ehrlich waren, Menschen, denen das Theaterspielen, das Starksein und das Bluffen vergangen war. Es waren allesamt Leute, die mit Gnade etwas anzufangen wussten. Um solche Leute war irgendwie – Liebe. Und das hat sich auch bei ihrem Abschied gezeigt: Sie bekamen dankbare Liebe zurück. Und das hat auch ihre Feier so unglaublich schön gemacht.

Quellenverzeichnis

Seite 34	aus: Jörg Zink, Sieh nach den Sternen – gib acht auf die Gassen, © Kreuz Verlag, Stuttgart 1992
Seite 37	„Gottes Stimme heraus hören". Entnommen aus: Henri J. M. Nouwen, Die innere Stimme der Liebe, S. 118; aus dem Amerikanischen von Franz Johna, © Verlag Herder, Freiburg im Breisgau, 12. Auflage 2006
Seite 38	„Gott finden in allen Dingen des Alltags". Karl Rahner, Beten mit Karl Rahner, S. 110, © Verlag Herder, Freiburg im Breisgau, 2004
Seite 41-42	Carl Zuckmayer, Marschlied. Aus: ders. Gedichte, © Fischer Verlag GmbH, Frankfurt am Main, 1977
Seite 43	aus: Jörg Zink, Die leisen Kräfte sind es, die dich tragen, © Kreuz Verlag, Stuttgart 2002, S. 14
Seite 46	L. Rinser, Mit wem reden, © Thienemann Verlag, Stuttgart
Seite 46	L. Rinser, Fließendes Licht, © Kösel Verlag, München
Seite 47	Marie Luise Kaschnitz, Überallnie. Ausgewählte Gedichte 1928-1965, © Claassen Verlag in der Ullstein Buchverlage GmbH, Berlin
Seite 48-50	Frère Roger. Entnommen aus: © Ateliers et Presses de Taizé © der deutschen Ausgabe Verlag Herder, Freiburg im Breisgau: Mutter Teresa/Frère Roger, Gebet, 6. Auflage 1998
Seite 52-53	Manfred Rommel, Trotz allem heiter, © 1998 Deutsche Verlags-Anstalt München in der Verlagsgruppe Random House GmbH

Seite 80	Zit. nach Albrecht Goes. Das Erstaunen. Begegnung mit dem Wunderbaren, herausgegeben von Oliver Kohler, Verlag am Eschbach, Eschbach/Markgräflerland, 1998, S. 7f.
Seite 86	Ludwig Hofacker, Predigten für alle Sonn- und Festtage, Verlag der St. Johannis-Druckerei, Lahr-Dinglingen
Seite 86-88	Nouwen, Kinder. Henri J. M. Nouwen, Was mir am Herzen liegt, S. 116f. Aus dem Amerikanischen von Franz Johna, © Verlag Herder, Freiburg im Breisgau, 5. Auflage 2000
Seite 103	„Schweigen möchte ich, Herr …“aus: Jörg Zink, Am Ufer der Stille, © Kreuz Verlag, Stuttgart 1992, S. 6
Seite 105	„Zum Auftreten eines Predigers“ aus: Mutter Courage und ihre Kinder, aus: Bertolt Brecht,Werke. Große kommentierte Berliner und Frankfurter Ausgabe, Band 6, Stücke 6 © Suhrkamp Verlag Frankfurt am Main 1989
Seite 106-107	„Sprache“ aus: Albrecht Goes, Kanzelholz, Dreißig Predigten
Seite 107-108	„Eine wirkunsvolle homiletische Regel“ aus: Albrecht Goes, Kanzelholz, Dreißig Predigten
Seite 114	„Das schöne Amt“, © Vandenhoeck & Ruprecht, Karl Kampffmeyer (Hg.): Gesandt zu predigen. Ein Brevier, 4. Aufl., Göttingen 1985
Seite 116-117	„Rede-Tipps von Manfred Rommel“ aus: Manfred Rommel, Trotz allem heiter © 1998 Deutsche Verlags-Anstalt, München in der Verlagsgruppe Random House GmbH

Bei einem Teil der aufgeführten Beiträge ist es uns nicht gelungen, die Inhaber der Rechte ausfindig zu machen. Einige Beiträge wurden aus älteren Büchern entnommen.

Steffen Kern

Mehr als Millionen

Sabine Ball: Millionärin – Hippie – Mutter Teresa von Dresden

204 S., gebunden,
mit vielen Fotos
ISBN 3-7655-1812-3

Sie war steinreich und bettelarm. Sie unterhielt sich mit Richard Nixon und tanzte mit dem Schah von Persien. Sie wohnte in Villen, aber auch in Baracken, Scheunen und in einem Kloster am Rande des Himalaja: Sabine Ball. Eine tiefe Sehnsucht trieb sie um die Welt. Sie nannte Miami und Santa Barbara ihr Zuhause, Istanbul und Karatschi, San Francisco und New York – und nach langen Jahren wieder Dresden. Sie suchte das große Glück – und fand mehr als Millionen.

Sabine Ball engagiert sich seit Jahren für Straßenkinder, heimatlose Jugendliche und Punks in Dresden-Neustadt. Dort gründete sie das Projekt „stoffwechsel e. V.“.